中国古代建筑

王 俊 编著

中国商业出版社

图书在版编目（CIP）数据

中国古代建筑／王俊编著． -- 北京：中国商业出版社，2015.5（2022.1重印）
ISBN 978-7-5044-8603-5

Ⅰ．①中… Ⅱ．①王… Ⅲ．①古建筑-介绍-中国 Ⅳ．①K928.71

中国版本图书馆 CIP 数据核字（2015）第 117157 号

责任编辑：常勇

中国商业出版社出版发行
010-63180647　www.c-cbook.com
（100053 北京广安门内报国寺 1 号）
新华书店经销
三河市吉祥印务有限公司印刷
*
710 毫米×1000 毫米　16 开　12.5 印张　200 千字
2015 年 5 月第 1 版　2022 年 1 月第 2 次印刷
定价：25.00 元
* * *
（如有印装质量问题可更换）

《中国传统民俗文化》编委会

主　编　傅璇琮　著名学者，国务院古籍整理出版规划小组原秘书长，清华大学古典文献研究中心主任，中华书局原总编辑

顾　问　蔡尚思　历史学家，中国思想史研究专家
　　　　卢燕新　南开大学文学院教授
　　　　于　娇　泰国辅仁大学教育学博士
　　　　张骁飞　郑州师范学院文学院副教授
　　　　鞠　岩　中国海洋大学新闻与传播学院副教授，中国传统文化研究中心副主任
　　　　王永波　四川省社会科学院文学研究所研究员
　　　　叶　舟　清华大学、北京大学特聘教授
　　　　于春芳　北京第二外国语学院副教授
　　　　杨玲玲　西班牙文化大学文化与教育学博士

编　委　陈鑫海　首都师范大学中文系博士
　　　　李　敏　北京语言大学古汉语古代文学博士
　　　　韩　霞　山东教育基金会理事，作家
　　　　陈　娇　山东大学哲学系讲师
　　　　吴军辉　河北大学历史系讲师

策划及副主编　王　俊

序　言

中国是举世闻名的文明古国,在漫长的历史发展过程中,勤劳智慧的中国人创造了丰富多彩、绚丽多姿的文化。这些经过锤炼和沉淀的古代传统文化,凝聚着华夏各族人民的性格、精神和智慧,是中华民族相互认同的标志和纽带,在人类文化的百花园中摇曳生姿,展现着自己独特的风采,对人类文化的多样性发展做出了巨大贡献。中国传统民俗文化内容广博,风格独特,深深地吸引着世界人民的眼光。

正因如此,我们必须按照中央的要求,加强文化建设。2006年5月,时任浙江省委书记的习近平同志就已提出:"文化通过传承为社会进步发挥基础作用,文化会促进或制约经济乃至整个社会的发展。"又说,"文化的力量最终可以转化为物质的力量,文化的软实力最终可以转化为经济的硬实力。"(《浙江文化研究工程成果文库总序》)2013年他去山东考察时,再次强调:中华民族伟大复兴,需要以中华文化发展繁荣为条件。

正因如此,我们应该对中华民族文化进行广阔、全面的检视。我们应该唤醒我们民族的集体记忆,复兴我们民族的伟大精神,发展和繁荣中华民族的优秀文化,为我们民族在强国之路上阔步前行创设先决条件。实现民族文化的复兴,必须传承中华文化的优秀传统。现代的中国人,特别是年轻人,对传统文化十分感兴趣,蕴含感情。但当下也有人对具体典籍、历史事实不甚了解。比如,中国是书法大国,谈起书法,有些人或许只知道些书法大家如王羲之、柳公权等的名字,知道《兰亭集序》

是千古书法珍品,仅此而已。

　　再如,我们都知道中国是闻名于世的瓷器大国,中国的瓷器令西方人叹为观止,中国也因此获得了"瓷器之国"(英语 china 的另一义即为瓷器)的美誉。然而关于瓷器的由来、形制的演变、纹饰的演化、烧制等瓷器文化的内涵,就知之甚少了。中国还是武术大国,然而国人的武术知识,或许更多来源于一部部精彩的武侠影视作品,对于真正的武术文化,我们也难以窥其堂奥。我国还是崇尚玉文化的国度,我们的祖先发现了这种"温润而有光泽的美石",并赋予了这种冰冷的自然物鲜活的生命力和文化性格,如"君子当温润如玉",女子应"冰清玉洁""守身如玉";"玉有五德",即"仁""义""智""勇""洁";等等。今天,熟悉这些玉文化内涵的国人也为数不多了。

　　也许正有鉴于此,有忧于此,近年来,已有不少有志之士开始了复兴中国传统文化的努力之路,读经热开始风靡海峡两岸,不少孩童以至成人开始重拾经典,在故纸旧书中品味古人的智慧,发现古文化历久弥新的魅力。电视讲坛里一拨又一拨对古文化的讲述,也吸引着数以万计的人,重新审视古文化的价值。现在放在读者面前的这套"中国传统民俗文化"丛书,也是这一努力的又一体现。我们现在确实应注重研究成果的学术价值和应用价值,充分发挥其认识世界、传承文化、创新理论、资政育人的重要作用。

　　中国的传统文化内容博大,体系庞杂,该如何下手,如何呈现?这套丛书处理得可谓系统性强,别具匠心。编者分别按物质文化、制度文化、精神文化等方面来分门别类地进行组织编写,例如,在物质文化的层面,就有纺织与印染、中国古代酒具、中国古代农具、中国古代青铜器、中国古代钱币、中国古代木雕、中国古代建筑、中国古代砖瓦、中国古代玉器、中国古代陶器、中国古代漆器、中国古代桥梁等;在精神文化的层面,就有中国古代书法、中国古代绘画、中国古代音乐、中国古代艺术、中国古代篆刻、中国古代家训、中国古代戏曲、中国古代版画等;在制度文化的层面,就有中国古代科举、中国古代官制、中国古代教育、中国古代军队、中国古代法律等。

  此外,在历史的发展长河中,中国各行各业还涌现出一大批杰出人物,至今闪耀着夺目的光辉,以启迪后人,示范来者。对此,这套丛书也给予了应有的重视,中国古代名将、中国古代名相、中国古代名帝、中国古代文人、中国古代高僧等,就是这方面的体现。

  生活在21世纪的我们,或许对古人的生活颇感兴趣,他们的吃穿住用如何,如何过节,如何安排婚丧嫁娶,如何交通出行,孩子如何玩耍等,这些饶有兴趣的内容,这套"中国传统民俗文化"丛书都有所涉猎。如中国古代婚姻、中国古代丧葬、中国古代节日、中国古代民俗、中国古代礼仪、中国古代饮食、中国古代交通、中国古代家具、中国古代玩具等,这些书籍介绍的都是人们颇感兴趣、平时却无从知晓的内容。

  在经济生活的层面,这套丛书安排了中国古代农业、中国古代经济、中国古代贸易、中国古代水利、中国古代赋税等内容,足以勾勒出古代人经济生活的主要内容,让今人得以窥见自己祖先的经济生活情状。

  在物质遗存方面,这套丛书则选择了中国古镇、中国古代楼阁、中国古代寺庙、中国古代陵墓、中国古塔、中国古代战场、中国古村落、中国古代宫殿、中国古代城墙等内容。相信读罢这些书,喜欢中国古代物质遗存的读者,已经能掌握这一领域的大多数知识了。

  除了上述内容外,其实还有很多难以归类却饶有兴趣的内容,如中国古代乞丐这样的社会史内容,也许有助于我们深入了解这些古代社会底层民众的真实生活情状,走出武侠小说家加诸他们身上的虚幻的丐帮色彩,还原他们的本来面目,加深我们对历史真实性的了解。继承和发扬中华民族几千年创造的优秀文化和民族精神是我们责无旁贷的历史责任。

  不难看出,单就内容所涵盖的范围广度来说,有物质遗产,有非物质遗产,还有国粹。这套丛书无疑当得起"中国传统文化的百科全书"的美誉。这套丛书还邀约大批相关的专家、教授参与并指导了稿件的编写工作。应当指出的是,这套丛书在写作过程中,既钩稽、爬梳大量古代文化文献典籍,又参照近人与今人的研究成果,将宏观把握与微观考察相结合。在论述、阐释中,既注意重点突出,又着重于论证层次清晰,从多角度、多层面对文化现象与发展加以考察。这套丛书的出版,有助于我们走进古人的世界,了解他们的生活,去回望我们来时的路。学史使人明智,历史的回眸,有助于我们汲取古人的智慧,借历史的明灯,照亮未来的路,为我们中华民族的伟大崛起添砖加瓦。

  是为序。

傅璇琮
2014年2月8日

前　言

　　我国是一个地大物博、历史悠久的文明古国。我们的祖先给我们留下了丰富多彩的建筑遗产。我国也是一个土地辽阔、人口众多的国家，由多个民族组成，各个民族由于长期经济和文化的交流、融合而共同发展壮大，因而在建筑方面，从分布范围和数量上来讲一般以汉族建筑为主流。但是，各民族和各地区的建筑又有若干独自的特点，呈现着丰富多彩的情况。中国古建筑在世界上形成了独特的建筑体系，在世界古代建筑史中占据着重要的地位。

　　建筑是人类在生产实践中的产物，具有明显的社会性、阶级性和民族性，因此，建筑文化从意识形态方面来讲也是属于社会的上层建筑。中国建筑由于古代各族劳动人民在广阔的国土上，在极其悬殊的自然条件下，使用木构件与砖、石等材料相结合的结构方法，建造了大量的房屋，积累了丰富的实践经验，逐步形成一个独特的建筑体系：这个建筑体系随着中国社会的发展和科学技术的进步，从个体建筑的设计、组群的布局到整个城市规划，创造了无数优秀作品，并且对邻近国家的建筑产生过深远的影响，成为世界建筑宝库中的一份珍贵遗产。

　　建筑艺术为五大艺术之首（建筑、音乐、绘画、诗歌、雕塑），它是大众艺术，又是高雅艺术，人们可以不听音乐，不看戏剧，不欣赏画展，不读小说诗歌，但却不可能离开建筑，不可能对矗立在自己眼前的建筑视而不见。它既不可避免，又难以读懂。人们对其既熟悉又陌生，如同《体验建筑》中所说："未经训练的眼睛对许多东西视而不见一样，不经训练的建筑经验只是身体使用，只是个人的，必须的，却未必愉快。"

中国古代建筑是中国传统文化的有形物质载体，中国建筑体系是以木结构为特色的独立的建筑体系，在城市规划、建筑组群、单体建筑以及材料、结构等方面的艺术处理均取得了辉煌的成就，是人们弘扬民族文化，提高艺术素养的重要题材。本书的目的在于引导读者欣赏建筑，建立建筑艺术观，重在建筑对人的感悟与启迪。

本书主要回顾了中国古代建筑发展的历程，内容十分丰富，诸如建筑形式、平面布局、用材、结构、油饰、彩画等。只有了解了这些内容，才能指导我们生动地认识古建筑，提高对古建筑文化内涵的认识水平及审美享受；对于古建筑的保护和修缮而言，了解并掌握一些古建筑方面的基本知识，自然更是必不可少的。

目录

第一章　凝固的音乐——建筑

第一节　古代建筑演进 ……………………………… 2

古代建筑历程 ……………………………………… 2
中国古代建筑的基本构成 ………………………… 5
古代建筑的型制 …………………………………… 9
古代建筑的主要特征 ……………………………… 12
古建筑组群布局 …………………………………… 16
古代建筑与城市布局 ……………………………… 19
中国古代建筑的文化底蕴 ………………………… 22

第二节　古代建筑的特色 ……………………………… 24

硬山建筑 …………………………………………… 24
悬山建筑 …………………………………………… 28
庑殿式（五脊式）建筑 …………………………… 29
显山式（歇山式）建筑 …………………………… 31
其他形式建筑 ……………………………………… 33

第三节　古代著名建筑师 ……………………………… 34

姬旦与弥牟 ………………………………………… 34

能工巧匠：鲁班 ⋯⋯⋯⋯⋯⋯⋯⋯⋯⋯⋯⋯⋯⋯⋯⋯⋯ 37

萧何与未央宫 ⋯⋯⋯⋯⋯⋯⋯⋯⋯⋯⋯⋯⋯⋯⋯⋯ 38

曹操与邺城 ⋯⋯⋯⋯⋯⋯⋯⋯⋯⋯⋯⋯⋯⋯⋯⋯⋯ 40

宇文恺 ⋯⋯⋯⋯⋯⋯⋯⋯⋯⋯⋯⋯⋯⋯⋯⋯⋯⋯⋯ 41

喻皓与李诫 ⋯⋯⋯⋯⋯⋯⋯⋯⋯⋯⋯⋯⋯⋯⋯⋯⋯ 42

明代造园师 ⋯⋯⋯⋯⋯⋯⋯⋯⋯⋯⋯⋯⋯⋯⋯⋯⋯ 45

清代私家园林的造园师 ⋯⋯⋯⋯⋯⋯⋯⋯⋯⋯⋯⋯ 47

清代的民间建筑师 ⋯⋯⋯⋯⋯⋯⋯⋯⋯⋯⋯⋯⋯⋯ 49

第二章　古代帝都建筑

第一节　历代帝王宫殿 ⋯⋯⋯⋯⋯⋯⋯⋯⋯⋯⋯ 52

商代二里头宫殿 ⋯⋯⋯⋯⋯⋯⋯⋯⋯⋯⋯⋯⋯⋯⋯ 52

秦咸阳宫、阿房宫 ⋯⋯⋯⋯⋯⋯⋯⋯⋯⋯⋯⋯⋯⋯ 53

唐长安大明宫 ⋯⋯⋯⋯⋯⋯⋯⋯⋯⋯⋯⋯⋯⋯⋯⋯ 53

宋金元宫殿 ⋯⋯⋯⋯⋯⋯⋯⋯⋯⋯⋯⋯⋯⋯⋯⋯⋯ 56

明清紫禁城 ⋯⋯⋯⋯⋯⋯⋯⋯⋯⋯⋯⋯⋯⋯⋯⋯⋯ 58

沈阳故宫 ⋯⋯⋯⋯⋯⋯⋯⋯⋯⋯⋯⋯⋯⋯⋯⋯⋯⋯ 59

第二节　防御建筑 ⋯⋯⋯⋯⋯⋯⋯⋯⋯⋯⋯⋯⋯ 62

北京城箭楼 ⋯⋯⋯⋯⋯⋯⋯⋯⋯⋯⋯⋯⋯⋯⋯⋯⋯ 62

北京城角楼 ⋯⋯⋯⋯⋯⋯⋯⋯⋯⋯⋯⋯⋯⋯⋯⋯⋯ 65

城防工事：城池 ⋯⋯⋯⋯⋯⋯⋯⋯⋯⋯⋯⋯⋯⋯⋯ 66

第三节　帝都建筑趣话 ⋯⋯⋯⋯⋯⋯⋯⋯⋯⋯⋯ 68

城门上的门钉 ⋯⋯⋯⋯⋯⋯⋯⋯⋯⋯⋯⋯⋯⋯⋯⋯ 68

天安门上的"暗楼子" …………………………………… 70

探密"鬼脸城" …………………………………………… 71

唐朝长安商业区 …………………………………………… 72

第三章　古代陵墓建筑

第一节　陵墓建筑 …………………………………… 76

什么是陵墓建筑 …………………………………………… 76

陵墓建筑的发展 …………………………………………… 78

陵墓地面上的雕刻 ………………………………………… 80

陵墓地下部分的雕刻 ……………………………………… 82

第二节　历代著名陵墓 ……………………………… 84

秦陵墓 ……………………………………………………… 84

汉陵墓 ……………………………………………………… 86

汉武帝茂陵 ………………………………………………… 87

唐代陵墓 …………………………………………………… 89

宋朝陵墓 …………………………………………………… 91

明十三陵 …………………………………………………… 93

清朝陵墓 …………………………………………………… 97

第三节　陵墓建筑趣话 ……………………………… 100

陵墓中的机关 ……………………………………………… 100

墓前的"无字碑" ………………………………………… 101

墓而不坟 …………………………………………………… 103

"东方金字塔" …………………………………………… 105

第四章 古代宗教建筑

第一节 历代宗教建筑 …………………………… 108

两晋与南北朝宗教建筑 …………………………… 108

隋唐宗教建筑 …………………………………… 109

宋、辽、金宗教建筑 ……………………………… 112

明清宗教建筑 …………………………………… 114

第二节 古代宗教建筑 …………………………… 117

敦煌石窟 ………………………………………… 117

云冈石窟 ………………………………………… 119

北宋时期的隆兴寺 ………………………………… 121

元代的广胜寺 …………………………………… 122

唐代的南禅寺大殿 ………………………………… 124

唐中期的佛光寺大殿 ……………………………… 125

南京栖霞寺舍利塔 ………………………………… 126

唐、五代时期的大雁塔 …………………………… 126

武当山道观 ……………………………………… 127

西藏拉萨布达拉宫 ………………………………… 129

伊斯兰教建筑 …………………………………… 130

少林寺传奇 ……………………………………… 134

神奇的空中寺庙 …………………………………… 135

千年不倒翁应县木塔 ……………………………… 137

第五章　古代民居建筑

第一节　不同朝代的民居 …………………………… 140
汉代以前的民居 …………………………… 140
汉朝住宅 …………………………… 141
北魏和东魏住宅 …………………………… 143
隋、唐、五代的住宅 …………………………… 143
宋朝住宅与居民生活 …………………………… 145
明清民居 …………………………… 146

第二节　民居艺术鉴赏 …………………………… 148
北方的四合院 …………………………… 148
福建土楼 …………………………… 149
"四水归堂"——天井民居 …………………………… 152
"一颗印"民居 …………………………… 154
"阿以旺"民居 …………………………… 154
碉楼 …………………………… 155
蒙古包 …………………………… 156
窑洞 …………………………… 157

第六章　古代园林与祠坛建筑

第一节　园林建筑 …………………………… 160
颐和园 …………………………… 160
避暑山庄 …………………………… 162

　　北海 164

　　紫禁城御花园 167

　　拙政园与网师园 169

　　留园 170

　第二节　祠坛建筑 172

　　天坛 172

　　社稷坛 173

　　太原晋祠 175

　　关帝庙 175

　　武侯祠 176

　　龙川胡氏宗祠 178

参考书目 181

第一章

凝固的音乐——建筑

建筑是历史的一面镜子,它以它独特的艺术语言诉说着一个时代、一个民族的审美追求,建筑艺术在其发展过程中,不断展示出人类所创造的物质精神文明,因其令人叹为观止的艺术形象被誉为"凝固的音乐"。

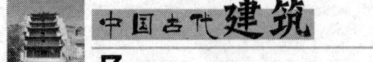

第一节
古代建筑演进

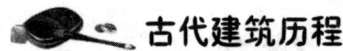 古代建筑历程

中国是世界上历史最悠久的文明古国之一，有着深厚的文化底蕴。这种文化底蕴表现在建筑上就形成了中国独特的建筑体系。

建筑是凝固的音乐，是技术和艺术的有机结合。我国的古代建筑是祖先们高超的智慧与才能的结晶，它们就像是一道悠扬绵长、耐人寻味的古曲，侵袭震撼人们的心灵。中国的美术在历史发展潮流中，与西方所重视的人体结构剖析和自然色彩的摹写有所不同，它强调的是艺术家个人的主观感受和心灵的表达，也就是重在传神和写意。这种差异的产生是和思想文化、社会形态及生产方式等诸多因素有关的。这种美的感受及表达手法的不同也孕育了不同的建筑艺术风格。中国古代建筑艺术静默生动的形象和深厚的文化内涵是世界上其他建筑体系所不能比拟的。

我国古代建筑经历了从原始社会、奴隶社会到封建社会三个历史发展阶段：

 1. 原始社会建筑

从距今约50万年前的旧石器时代（或者更早）到中国第一个王朝夏朝建立之前，原始人初期的建筑大致有两种发展模式：一种是由单树巢居向多树巢居，再到干栏建筑的"巢居发展序列"；另一种是从原始横穴到深袋穴，到半穴居，再到地面建筑的"穴居发展序列"，这些建筑技术和工艺成为之后中国建筑体系发展的渊源。

第一章　凝固的音乐——建筑

穴居中的土木混合的构筑方式，成为以后夏（约公元前2070年—前1600年）商（约公元前1600年—前1046年）直至今日延承的中国建筑文化的主线，而巢居中的木构技术则成为以后木构建筑千变万化的基础。后来技术的进步，使得中国建筑在平面布局上形成了简明的组织规律，即

别具一格的古代园林建筑

以"间"为单位构成单座的建筑，再以单座建筑组成庭院，构成组群。这不仅是中国民居的基本形式，也成为园林和皇城建筑的构建基础模式。

2. 奴隶社会建筑

从夏朝至战国的一段时期，由于奴隶制度的建立，生产力得到进一步发展，使得进行大规模工程有了可能。经商周（公元前1600年—前256年）以来，木构架不断改进，并逐渐成为中国建筑的主要结构方式。多种新技术的出现和人力集中的可能促进了高技术、大规模建筑的产生，商代时形成了在夯土台上建造宫殿和城垣的高台建筑模式，以宫室为中心的不同规模的城市也开始出现。

奴隶制的发展使建筑出现了等级制度，随之产生了专司管理工程的职务，后来各朝在这个基础上不断发展形成了中国特有的工官制度。

3. 封建社会建筑

从战国时期（公元前475年—前221年）至1840年鸦片战争以前，是我国古典建筑的主要发展阶段。封建社会建筑的形式受儒家和道家思想的影响，加之生产方式的进步，带动了工农业、商业的发展，对建筑的影响也从各个方面得以体现。在我国最早的一部工程技术专著《考工记》中已经有了许多建筑技术的记录。另外书中还记录了一些工程测量的技术。随着社会和技术的不断发展，出现了规模巨大的宫殿、庙宇、陵墓和水利、军事防御等工程。

4. 唐宋建筑

唐代（618—907年）是封建社会建筑发展的鼎盛时期之一，由于对外贸易和文化的交流带动了建筑艺术的发展，那个时期遗留下来的木构宫殿、石窟、佛塔及城市的遗址，在布局和造型上都显示了它的艺术价值和技术水平。宋代（960—1279年）的城市生活更繁荣，从而改变了封闭的城市布局，出现了开放的沿街设店的方式。这个时期木、砖、石结构有了新的发展，出现了以"材"为标准的模数制，使设计和施工有了规格化的管理标准。建筑在布局、装修和布置上都有了新的方法。加之这一时期的建筑形象也趋之于绚丽和柔美，所以说中国建筑的大木构技术在宋代达到高峰，以至影响了以后元（1206—1368年）、明（1368—1644年）、清（1616—1911年）的建筑。

5. 元代建筑

元朝是中国古代建筑的变化期。所谓变化期是指工匠在大木构架的做法上尝试减柱法等新方法，试图使中国古建筑的做法更加简单。但是尝试的结果并不完全成功，却造成其后的明清建筑的大木结构形式不同于唐宋。元朝的建筑还融入了伊斯兰教、喇嘛教以及中亚一些民族的地方风格，使得中国传统建筑的模式向更多元化的方向发展。

6. 明清建筑

由于明清的工程制度更加严密，而且官式建筑已经定型，并遵从僵化的程式，其中包括大型木料的匮乏等多方面的原因导致明清时期的大木构架艺术形式和技术难度开始降低并走下坡路，与唐宋时期的木构建筑相比，建筑整体造型变得呆板和僵硬。但是，当时砖瓦的普及，使这一时期的建筑外观色彩及视觉形式更加宏大和富有变化，无论从建筑风格、布局规划和装饰上都给后人留下了宝贵的财富。因为封建制度至此完结，所以明清的建筑成为中国封建社会建筑最后一缕灿烂的阳光。

中国古代建筑的基本构成

我国木构建筑由屋顶、屋身、台基三部分组成,其结构体系主要有穿斗式、抬梁式和井干式三种。除此以外,还有不少变体和局部利用斜杆组成三角形稳定构架的做法。

由于其结构为木框架体系,受力的柱子和维护的墙体分工明确,该体系从南到北都有广泛的适用性。我国北方地区冬季寒冷,为了达到防寒保温的目的,建筑物的墙体较厚,屋面设保温层(一般用土加石灰构成),再加上对雪荷载的考量,建筑物的椽檩枋的材料较粗大,建筑外观也显得浑厚凝重;与之相较,南方气候炎热,雨量丰沛,房屋通风、防雨、遮阳等性能更受重视,故而墙体薄(或仅用木板、竹笆墙),屋面轻,出檐大,用料细,建筑外观也显得轻巧。

1. 屋顶及其组合

(1) 中国古代建筑的屋顶形式丰富多彩。

早在汉代已有庑殿、歇山、悬山、囤顶、攒尖几种基本形式,并有了重檐顶。以后又出现了勾连搭、单坡顶、十字坡顶、盝顶、拱券顶、穹窿顶等许多形式。中国古代木构建筑的屋顶千变万化,瑰丽多姿。它不仅为中国古建筑在美观上增加了不少神韵,而且对建筑物的风格也起着十分重要的作用。屋顶不仅是古代建筑艺术形象的决定性因素,而且是建筑等级的重要标志,其中以重檐庑殿顶、重檐歇山顶为级别最高,其次为单檐庑殿、单檐歇山顶。在地方建筑或民居上,还有盝顶、盝顶、单坡、囤顶等多种形式。

①庑殿:四面斜坡,有一条正脊和四条斜脊,屋面稍显弧度,又称四阿顶。庑殿建筑是中国古建筑中的最高型制。在等级森严的封建社会,这种建筑形式常用于宫殿、坛庙一类的皇家建筑,是中轴线上主要建筑采用最多的形式。除皇家建筑以外的其他官府、衙属、商埠、民宅等,是绝不允许采用庑殿这种建筑形式的。庑殿建筑因其具有崇高的政治地位,故有用材硕大,体量雄伟,装饰华贵等其他建筑形式不可比拟的特点。极具技术和艺术价值。

②歇山:是庑殿顶和悬山顶的结合,即四面斜坡的屋面上部转折成垂直的三角形墙面。由一条正脊、四条垂脊、四条戗脊组成,又称九脊顶。在外

故宫太和殿的重檐庑殿顶

部形象看，歇山建筑是庑殿（或四角攒尖）建筑与悬山建筑的有机结合，仿佛一座悬山屋顶歇栖在一座庑殿顶上。

歇山建筑是众多形式的古建筑中最常见、最基本的一种建筑形式。歇山建筑屋面峻拔陡峭，四角轻盈翘起，玲珑精巧，气势非凡，它既有庑殿建筑的雄浑气势，又有攒尖建筑的俏丽风情。包括帝王宫阙、王公府邸、城垣敌楼、坛观寺庙、古典园林及商埠铺面等在内的各类建筑，都大量采用了歇山这种建筑形式，今天我们少为推崇的复合式建筑，诸如黄鹤楼、滕王阁、故宫角楼等，也都是以歇山为主要形式与其他建筑形式组合而成的，从中足见歇山建筑在中国古建筑中的重要地位。

③悬山：屋面双坡，两侧伸出山墙之外。屋面上有一条正脊和四条垂脊，又称挑山顶。出现年代较硬山为早。

④硬山：屋面双坡，两侧山墙同屋面齐平，或略高于屋面，简单朴素，同时等级最低。宋《营造法式》中没有记载，宋代建筑遗物中也未见，基本可以推想其出现在宋代以后。明清时期硬山式广泛应用，无论住宅、园林、寺庙中都有大量的此类建筑。

⑤卷棚：屋面双坡，没有明显的正脊，即前后坡相接处不用脊而砌成弧形曲面，增加罗锅瓦，又称罗锅脊或过龙脊。

⑥攒尖：平面为圆形或多边形，上为锥形的屋顶，没有正脊，有若干垂脊交于上端。一般亭、阁、塔常用此式屋顶。

⑦盔顶：是攒尖顶的一种变形，顾名思义形似古代战士的头盔。盔顶的顶和脊的上面大部分为突出的弧形，下面一小部分相反的向外翘起，就像头盔的下沿。代表建筑有岳阳楼。

⑧盝顶：屋顶上有四条与屋檐平行的脊，四条屋脊构成一个长方形或正方形的平顶，其四个角有垂脊向下斜伸，共形成四块坡檐。可理解为庑殿顶中部水平切割后，拿去上部剩下的形态。

⑨单坡：就像一个硬山或者悬山式屋顶沿着脊背剖成了两半。这种屋顶多用在不太重要或是附属性的建筑上，陕西民居即为此种。

（2）单元屋顶穿插组合，形成更复杂多样的屋顶形态。

①重檐：就是两个或两个以上的屋檐的叠加。一般来说，重檐大多是指一层建筑有两层或更多层屋

歇山十字脊顶楼阁

檐。但有时一座多层建筑若每一层都有屋檐，总数相加大于等于二，人们也称作重檐。一般包括重檐庑殿顶、重檐歇山顶、重檐攒尖顶，指在相应的屋檐下还有一个短檐，四角各有一条短垂脊，重檐建筑等级高于相应的单檐建筑。

②十字脊：由两个屋顶垂直相交而成，可以是悬山式，也可以是歇山式。《清明上河图》中就有很多民居采用十字脊顶，其山面多采用悬山顶。后来宋代的《金明池夺标图》就出现了歇山式的十字脊顶，即四个山面都是歇山式，故又称"四面歇山顶"。

③丁字脊：十字脊的一种特殊形式，十字交叉的四部分中有一部分被截去后所剩下的部分。

④勾连搭：是一种由两个或两个以上的屋顶前后檐相连而成一个屋顶的屋顶形态。在这种勾连搭屋顶结构中有两种最为典型，即"一殿一卷式勾连搭"和"带抱厦式勾连搭"。仅有两个顶形成勾连搭而其中一个为带正脊的硬山悬山类，另一个为不带正脊的卷棚类，这样的勾连搭称作"一殿一卷式勾连搭"。勾连搭屋顶结构中，相勾连的屋顶大多是大小高低相同，也有部分是有大有小、有主有次、高低不同、前后有别的，这一类屋顶形态被称为"带抱厦式勾连搭"。

 **2. 屋身**

屋身是人们居住和生活的地方，包括柱子、门、墙、窗等。

柱子是建筑受力构件，同时也是建筑艺术构件。柱的形态，从断面来看，有圆、方、八角、束竹等多种；从立面来看，有直柱、收分柱、梭形柱等；

材料多为木质，亦有石质。艺术处理方面柱子有收分、侧脚、升起的做法。柱头上有斗拱，柱根部有柱础，斗拱及柱础都有力学和装饰作用，种类繁多，艺术形态丰富多彩。

墙虽一般不起承重作用，但却是围合一个国家、城市、宫殿、居室的隔断。又因为墙壁不负重，故能按分间需要而灵活构筑。在寒冷的北方，墙壁较厚；在温暖的南方，墙壁则较薄，于是形成各式各样、可大可小的墙壁。

门是建筑的出入口，大至一座城，小至宫殿、寺庙、园林、民居等建筑，都有相应的门；生者有屋舍的门，死者有陵寝的门。一扇门不但阻隔了内外空间，也反映了主人的阶级地位和品位。

窗是与外在世界的某种程度的沟通。由内观外，由外窥内。糊一纸窗，或罩上窗纱，趣味横生。宋《营造法式》中认为窗的制作属小木作范畴，一般由窗框和棂条组成，类型繁多。

斗拱在中国木构架建筑的发展过程中起过重要作用，它的演变一定程度上也代表了中国传统木构架建筑形制的演变，也是鉴别中国古代木构架建筑年代的一个重要依据。斗拱是中国官式建筑所特有的结构之一。斗拱在宋代也称为"铺作"，因其层层相叠铺设而得名；在清代被称为"斗科"或"斗拱"；江南则称其为"牌科"。东汉和三国时期斗拱的建造技术相当成熟，元以后其结构功能退化。斗拱在中国古建筑中起着十分重要的作用，主要有以下四个方面：

（1）力学作用。斗拱位于柱与梁之间，由屋面和上层构架传下来的荷载，主要通过斗拱传给柱子，再由柱传到基础，因此，它起着承上启下，传递荷载的作用。

（2）装饰作用。斗拱向外出挑，可把最外层的桁檩挑出一定距离，使建筑物出檐更加深远，造型更加优美、壮观。它自身构造精巧，造型美观，如盆景，似花篮，又是很好的装饰性构件。

（3）封建等级标准。由于森严的封建等级制度，斗拱只出现在宫殿、庙宇等官式建筑上，斗拱已成为衡量建筑等级的标准之一。

（4）建筑度量单位。古代建筑宏观上的屋顶、屋身、台基的大小，微观上各构件的尺寸，均以斗拱中斗口的宽度为基本模数，进而形成模数系列，用于衡量建筑群乃至城市，是建筑中的基本单位，是一切计算的基础。

3. 台基

台基又称基座。在建筑物中，系高出地面的建筑物底座。用以承托建筑物，并使其防潮、防腐，同时还可弥补中国古建筑单体建筑不甚高大雄伟的欠缺。台基分为普通台基、须弥座台基，等级高的建筑采用多层须弥座台基。为解决台基与地面高差问题，产生了台阶或坡

三层石造须弥座台基

道（古称礓䃰），台基较高情况下，为安全问题，产生了栏杆。以上台基以及台阶、栏杆是建筑雕刻的重点部位，形态变化万千，如宋式须弥座、清式须弥座、螭首、抱鼓石等，艺术形态丰富多彩。台基上则按柱网（柱子分布情况）安置石质柱础，其作用是保护柱子不受地下水上升侵蚀而导致腐烂。

古代建筑的型制

1. 单体

中国古代建筑单体虽然都由屋顶、屋身、台基三部分组成，但建筑的类型繁多，它们的使用功能、平面形态、立面造型、装饰风格都不尽相同，每一种有其特定的内涵和作用，或表现在特定的功用有特定的称谓，细分有以下主要类型：

（1）殿：古代泛指高大的房屋，后专指供奉神佛或帝王受朝理事的大厅。如宫殿、佛殿等。

（2）堂：高于一般房屋，用于祭献神灵、祈求丰年。

（3）厅：在古代园林、宅第中，多具有小型公共建筑的性质，用以会客、宴请、观赏花木。因此，室内空间较大，门窗装饰考究，造型典雅、端庄，

前后多置花木、叠石，使人置身厅内就能欣赏园林景色。

（4）轩：以敞朗为特点的建筑物。

（5）馆：客舍也。

（6）楼：两层或两层以上的房屋，或建在高处的建筑物。楼，重屋也。

（7）榭：建在高土台或水面上（或临水）的木屋。

（8）阁：一种架空的小楼房，中国传统建筑物的一种。其特点是通常四周设隔扇或栏杆回廊，供远眺、游憩、藏书和供佛之用。

（9）塔：佛教特有的高耸的建筑物，晋、宋译经时始造"塔"字。尖顶、多层，常有七级、九级、十三级等，形状有圆形的、多角形的，一般用以藏舍利、经卷等。

（10）亭：有顶无墙，供休息用的建筑物，多建筑在路旁或花园里。

（11）阙：古代宫殿、祠庙或陵墓前的高台，通常左右各一，台上起楼观。二阙之间有道路。

（12）门：房屋垣墙等建筑物在出入通口处所设的可开关转动的装置。

（13）廊：屋檐下的过道或独立有顶的通道。

（14）舫：古称两舟相并为舫，外观似旧时官船，俗称旱船，又名不系舟，多建于水际，供人在内游玩宴饮，观赏水景。

（15）斋：斋不同于堂之处，在于斋要位于园林僻静之地，不应敞显，便于人们聚气敛神。

山西省大同九龙壁局部

第一章 凝固的音乐——建筑

（16）坛：中国古代主要用于祭祀天、地、社稷等活动的台型建筑。北京的天坛圜丘、地坛、日坛、月坛、祈谷坛、社稷坛等。坛既是祭祀建筑的主体，也是整组建筑群的总称。坛的形式多以阴阳五行等学说为依据。例如天坛、地坛的主体建筑分别采用圆形和方形，来源于"天圆地方"之说。天坛所用石料的件数和尺寸都采用奇数，是采用古人以天为阳性和以奇数代表阳性的说法。

（17）影壁：建在院落的大门内或大门外，与大门相对作屏障用的墙壁，又称照壁、照墙。影壁能在大门内或大门外形成一个与街巷既连通又有限隔的过渡空间是当时保守、注重家庭文化概念的一种体现。明清时代影壁从形式上分有一字形、八字形等。北京大型住宅大门外两侧多用八字墙，与街对面的八字形影壁相对，在门前形成一个略宽于街道的空间；门内用一字形影壁，与左右的墙和屏门组成一个方形小院，成为从街巷进入住宅的两个过渡。南方住宅影壁通常建在门外。农村住宅影壁还有用夯土或土坯砌筑的，上加瓦顶。宫殿、寺庙的影壁多用琉璃镶砌。明清宫殿、寺庙、衙署和宅第大多都有影壁，著名的山西省大同九龙壁就是明太祖朱元璋之子朱桂的代王府前的琉璃影壁。北京北海和紫禁城中的九龙壁也很有名。

（18）坊表：坊表包括牌坊、华表等建筑类型，是中国古代用以表彰、纪念、导向、标志等意图的建筑物。牌坊又称牌楼，只有单排立柱，起划分或控制空间的作用。在单排立柱上加额枋等构件而不加屋顶的称为牌坊，上施屋顶的称为牌楼，这种屋顶俗称为"楼"，立柱上端高出屋顶的称为"冲天牌楼"。牌楼建立于离宫、苑囿、寺观、陵墓等大型建筑组群的入口处时，其形制的级别较高。冲天牌楼则多建立在城镇街衢的冲要处，如大路起点、十字路口、桥的两端以及商店的门口。前者成为建筑组群的前奏，形成庄严、肃穆、深邃的气氛，对主体建筑起陪衬作用；后者则可以起丰富街景、标志位置的作用。江南有些城镇中有跨街一连建造多座牌坊的，多为"旌表功名"或"表彰节孝"。在山林风景区也多在山道上建牌坊，既是寺观的前奏，又是山路进程的标志。

华表为成对的立柱，起标志或纪念性作用。汉代称其为桓表。元代以前，华表主要为木制，上插十字形木板，顶上立白鹤，多设于路口、桥头和衙署前。明朝以后华表多为石制，下有须弥座；石柱上端有雕云纹石板，称云板；柱顶上原立鹤改用蹲兽，俗称"朝天吼"。华表四周围以石栏，华表和栏杆上遍施精美浮雕。明清时的华表主要立在宫殿和陵墓前，个别有立在桥头的，如北京卢沟桥头。明永乐年间所建的北京天安门前和十三陵碑亭四周的华表是现存的古代华表建筑的典型。

2. 平面形式

单体建筑的平面形式多为长方形、正方形、六角形、八角形、圆形。此外还有三角、五角、扇形、曲尺、工字、山字、田字、卐字等形式。这些不同的平面形式，对构成建筑物单体的立面形象起着重要作用。

古代建筑的主要特征

1. 巧妙而科学的框架式结构

（1）特点。承重结构与围护结构分工明确，建筑物具有灵活性和适应性等特点。中国古代建筑主要是木构架结构，即采用木柱、木梁构成房屋的框架，屋顶与房檐的重量通过梁架传递到立柱上。柱墙分工明确，墙壁只起隔断的作用，而不是承担房屋重量的结构部分。这种结构赋予建筑物极大的灵活性。这种结构，可以使房屋在不同气候条件下，满足生活和生产方方面面的不同功能的要求，具有极强的适应性。"墙倒屋不塌"这句古老的谚语，真实形象地指出了中国建筑这种框架结构的重要特点。同时，由于房屋的墙壁不负荷重量，门窗设置有极大的灵活性。

构件间采用榫卯构造，有效地提高了建筑物的防震抗震性能。木构架结构类似今天的框架结构，由于木材具有的特性，且构架的结构所用斗拱和榫卯又都有若干伸缩余地，因此在一定限度内可减少地震对这种构架所产生的危害。

斗拱既有力学作用，又有装饰作用。在官式建筑屋顶与屋身之间的柱头上的斗拱既有支承荷载梁架的作用，又有装饰作用。只是到了明清以后，建筑结构简化，梁直接放置于柱上，致使斗拱的结构作用几乎完全消失，再之后，斗拱则成为了纯粹的装饰品。

（2）类型。中国古代木构架有抬梁、穿斗、井干三种不同的结构方式。

抬梁式古建筑

抬梁式是在立柱上架梁，梁上又抬梁，所以称为"抬梁式"，或叫"叠梁式"，宫殿、坛庙、寺院等大型建筑物中常采用这种结构形式，且以北方为主流；穿斗式是用穿枋把一排排的柱子穿连起来成为排架，然后用枋串带连接而成，故称作穿斗式，多用于民居和较小的建筑物，以长江流域为代表；井干式是用木材交叉堆叠而成的，因其所围成的空间似井而得名，这种结构比较原始简单，现在除少数森林地区外已很少使用。

 2. 简明完美的单体形象

中国古代单体建筑形式比较简单，不论殿堂、亭、廊，都由台基、屋身和屋顶三部分组成，高级建筑的台基可以增加到 2～3 层，伴以复杂的雕刻。屋身由柱子、梁枋和门窗组成，如果是楼阁，则设置上层的横向平座（外廊）和平座栏杆。层顶普遍为定型的式样，主要有硬山、悬山、歇山、庑殿、攒尖五种。单座建筑的规格化，到清代达到顶点，《工部工程做法则例》就规定了 27 种定型形式，每一种建筑形式的尺度、比例都有严格的规定，上自宫殿下至民居、园林，许多动人的艺术形象就是依靠这些为数不多的定型化建筑组合而成的。建筑以间为基本单位，以四柱二梁二枋构成一个称为间的基本框架，间可以左右相连，也可以前后相接，又可以上下相叠，还可以错落组合，有着简明的规律。单体建筑的艺术造型，主要依靠间的灵活搭配和式样众多的曲线屋顶表现出来；同时明晰的结构逻辑所带来的结构之美是建筑艺术形象的重要构成部分；此外，木结构的构件便于雕刻彩绘，亦增强了建筑

的艺术表现力。

唐宋时期是中国古代建筑发展的最成熟时期，建筑屋顶、屋身、台基三分为一考虑至臻成熟。建筑中无纯粹装饰性构件，也没有歪曲材料使之屈从于装饰要求的现象。如斗拱既是结构构件，又是装饰构件；门钉既是连接门板与穿带的结构构件，又有极强的装饰性；柱础为柱子和台基之间的过渡性构件，起着柱基础和防潮的作用，材料为石质，放于柱子的下部承受压力，符合材料受力性能的要求，同时造型多样，富有装饰性。

屋顶在单座建筑中占的比例很大，一般可达到立面高度的一半左右。古代木结构的梁架组合形式，很自然地可以使坡顶形成曲线，称为"反宇"，不仅扩大了采光面，同时也有利于排泄雨水；不仅坡面是曲线，正脊和檐端也可以是曲线，在屋檐转折的角上，还可以做出翘起的飞檐，增添了建筑物灵动轻快的美感。"如翼斯飞"是屋顶艺术形象最好的写照，巨大的体量和柔和的曲线，使屋顶成为中国建筑中最突出的形象。

屋身部分柱子的上细下粗的收分处理为追求稳定效果而向中心倾斜一定角度的侧脚处理，以及为避免屋檐角部下垂的檐柱升起处理等手法均体现了技术与艺术的高度融合和统一。

因防潮防水及突出建筑体量的需要，建筑下部的台基应运而生。台基分两大类：一种叫普通台基，一种叫须弥座。普通台基用素土或灰土或碎砖三合土夯筑而成，高约一尺，常用于小式建筑。须弥座一般用砖或石砌成，上有凹凸线脚和纹饰，台上建有汉白玉栏杆，常用于宫殿和著名寺院中的主要殿堂建筑。最高级台基由几个须弥座相叠而成，从而使建筑物显得更为宏伟高大，常用于最高级建筑，如故宫三大殿和山东曲阜孔庙大成殿，即耸立在最高级台基上。台基四周，栏杆的下方设有造型优美的螭首，肩负排出雨水的重任。

从以上屋顶、屋身和台基各个方面均能体现出中国古建筑单体达到了功能、结构、艺术的高度统一。

3. 有节奏的庭院式组群布局

从古代文献绘画作品中的以及现存的古建筑中探寻，中国古代建筑在平面布局上有一种简明的组织规律，即每一处住宅、宫殿、官衙、寺庙等建筑，都是由若干单座建筑和一些围廊、围墙之类环绕成一个个庭院而形成。多数

第一章 凝固的音乐——建筑

庭院都是前后串连起来，通过前院才能到达后院，这是中国封建社会"长幼有序，内外有别"的思想意识的产物。家中主要人物，和应与外界隔绝的人物（如贵族家庭的少女），就往往生活在离外门很远的庭院里，这就形成一院又一院层层深入的空间组

石牌坊

织。宋朝欧阳修《蝶恋花》一词中就有"庭院深深深几许"的字句，古人也曾以"侯门深似海"形容大官僚的居处，这都形象地说明了中国古建筑在布局上的重要特征。

  同时，这种庭院式的组群与布局，一般都是采用均衡对称的方式，沿着纵轴线（也称前后轴线）与横轴线进行设计。比较重要的建筑都安置在纵轴线上，次要房屋则安置在它左右两侧的横轴线上，北京故宫的组群布局和北方的四合院是最能体现这一组群布局原则的典型实例。这种布局与当时中国建筑社会的宗法和礼教制度有着密不可分的关系。它便于根据封建的宗法和等级观念，使尊卑、长幼、男女、主仆之间在住房上也体现出明显的差别。中国的这种庭院式的组群布局所呈现的艺术效果，与欧洲建筑相比，有它独特的艺术魅力。

  在序列空间中，衬托性建筑的应用，是中国古代宫殿、寺庙等高级建筑常用的艺术处理手法。它的作用是衬托主体建筑。最早应用的并且很有艺术特色的衬托性建筑便是从春秋时代就已开始建筑的位于宫殿正门前的"阙"，它是建筑群序列空间开端的重要组成部分。到了汉代，除宫殿与陵墓外，祠庙和大中型坟墓也都使用。现存的四川雅安高颐墓阙，形制和雕刻花样十分精美，是汉代墓阙的典型作品。汉代以后的雕刻、壁画中常可以看到各种形式的阙，到了明清两代，阙就演变成现在的午门，如故宫的午门。其他常见的富有艺术性的衬托性建筑还有宫殿正门前的华表、牌坊、照壁、石狮等。

  这种以庭院为基本单元，通过轴线组织序列空间，体现简明的组织规律和严格的等级制度，创造丰富的建筑群空间是中国建筑群组织的主流，辅以

15

自由布局的空间组合，如布达拉宫、园林、南京城市建设等典型实例，形成了完整的建筑群组合体系。

4. 大胆的原色在古建筑中成熟运用

中国古建筑在装饰中最敢于使用色彩也最善于使用色彩。油漆彩绘源于对木构件的保护。经过长期实践，中国建筑在运用色彩方面积累了丰富的经验，很善于运用鲜明色彩的对比与调和。房屋的主体部分，即经常可以照到阳光的部分，一般用暖色，特别是用朱红色；房檐下的阴影部分，则用蓝绿相配的冷色，这样就更强调了阳光的温暖和阴影的阴凉，也形成一种赏心悦目的对比。朱红色门窗部分和蓝绿色的檐下部分往往还加上金线和金点，蓝绿之间也间以少数红点，使得建筑上的彩画图案显得更加活泼，增强了装饰效果。一些重要的纪念性建筑，其下衬以一层乃至好几层雪白的汉白玉台基和栏杆，在华北平原秋高气爽、万里无云的蔚蓝天空下，它的色彩效果是无比动人的。当然这种色彩风格的形成，在很大程度上也与北方的自然环境有关。因为在平坦广阔的华北平原地区，冬季景色的色彩是很单调的，在那样的自然环境中，这种鲜明的色彩就为建筑物带来活泼和生趣。基于相同原因，在山明水秀、四季常青的南方，建筑的色彩一方面为封建社会的建筑等级制度所局限，另一方面也是因为南方终年青绿、四季花开，为了使建筑的色彩与南方的自然环境相调和，它使用的色彩就比较淡雅，多用白墙、灰瓦和栗、黑、墨绿等色的梁柱，形成秀丽淡雅的格调。此外，色彩经过长期的运用和实践，亦烙上封建等级制度的烙印。

古建筑组群布局

以木构架结构为主的中国建筑体系，在平面布局上有一简明的组织规律。就是以"间"为单位构成单座建筑，再以单座建筑组构庭院，进而以庭院为单元，再组成各种形式的组群。

商朝宫室已有成行的柱网，可能当时已产生了"间"的概念。一座建筑的间数，除了少数例外，一般都为奇数，这种现象早见于春秋时代的门、寝类建筑。各间的面阔，汉朝明器中已有明间较宽的现象，唐朝有各间相等和中央数间相等而稍间稍窄，及明间较阔的三种基本形式，宋朝起前两者已较

第一章 凝固的音乐——建筑

少使用，而后者最为普遍。各间的面阔，自商朝至战国时代的遗迹多在 3 米左右，后来随着技术发展，唐朝的宫殿、庙宇以 5 米居多，宋以后则扩大到七八米，最大的如明长陵棱恩殿的明间面阔达 10.34 米。

单座建筑的平面布置，与使用者的政治地位、经济状况、功能需求等方面有很大关联，因而殿阁、殿堂、厅堂、亭榭与一般房屋的柱网甚有区别。在殿堂方面，根据日本法隆寺金堂所示，可知唐以前早有内外槽布局的方式了。自唐以来中型殿堂亦大都如此，据宋《营造法式》所载，又分心斗底槽、金箱斗底槽、单槽、双槽等不同的柱网布置。其次，五代、宋、辽、金、元遗物中有内部采用彻上露明造，梁架略如厅堂而外檐又使用二跳以上斗拱的，应是殿堂与厅堂结构的混合体。其中小型的内部无柱，或仅有二后金柱，柱上以四椽栿与乳栿承载上部梁架荷重。一些中、大型的殿堂，因功能上的要求，或前廊较深，或内部采用减柱和移柱法，从而梁架发生变化，成为内部艺术形象的因素之一。由此可见，单座建筑的平面布置以殿阁、殿堂最为整齐，殿堂与厅堂的混合体较为灵活自由，厅堂以次至于一般房屋则变化很多。

中国古代建筑的庭院与组群的布局，大都采用均衡对称的方式，沿着纵

北京明清故宫

轴线（又称前后轴线）与横轴线进行设计。其中多数以纵轴线为主，横轴线为辅，但也有纵横二轴线都是主要以及只是一部分有轴线或完全没有轴线的例子。

　　庭院布局大致可分为两种。

　　一种在纵轴线上先安置主要建筑，再在院子的左右两侧，依着横轴线以两座体形较小的次要建筑相对峙，构成王字形或H形的三合院；或在主要建筑的对面，再建一座次要建筑，构成正方形或长方形的庭院，称为四合院。四合院的四角通常用走廊、围墙等将四座建筑连接起来，成为封闭性较强的整体。这种布局方式使中国古代社会的宗法和礼教制度相得益彰，便于安排家庭成员的住所，使尊卑、长幼、男女、主仆之间就生活及居住位置上有明显的区别。同时为了保证安全、防风、防沙，庭院内大多种植花木，形成安静舒适的生活环境。根据不同地区的气候特征及不同性质的建筑在功能上和艺术上的不同要求，只要将庭院的数量、形状、大小及木构架建筑的体形、式样、材料、装饰、色彩等方面加以变化，就能达到所求目的。因此，在长期的奴隶社会和封建社会中，在气候悬殊的辽阔土地上，无论宫殿、衙署、祠庙、寺观、住宅都比较广泛使用这种四合院的布局方法。

　　另一种庭院布局是廊院，在纵轴线上建主要建筑及其对面的次要建筑，再在院子左右两侧，用回廊将前后两座建筑连系为一，因而称为"廊院"。这种以回廊与建筑相组合的方法，可收到艺术上大小、高低、虚实、明暗的对比效果，同时回廊各间装有直棂窗，可向外眺望，扩大视界。这种布局自汉至宋、金多见于宫殿、祠庙、寺观和较大的住宅。其中唐宋两代大型廊院的组合相当复杂，主要建筑位于院子的后端中央，其平面有横长、纵长、工字或横长加挟屋，或在其左右加二朵殿，并在院子左右回廊间建有殿堂或楼阁；但也有在院子中央建主要建筑一二座，左右各翼以横廊，将纵深的庭院划分为前后二院或前、中、后三院的。不过唐代后期又出现了具有廊庑的四合院，它保留廊院的部分特点，阔充使用面积，显然比廊院更实用，所以从宋朝起，宫殿、庙宇、衙署和住宅采用廊庑的逐渐增多，而廊院日少，到明清两代几乎绝迹。

　　当一个庭院建筑不能满足需要时，往往采取纵向扩展、横向扩展或纵横双向都扩展的方式，由此构成各种组群建筑。第一种纵向扩展的组群，首见于商朝的宫室遗址中，具有悠久的传统，也是最广泛使用的布局方法。它的

第一章 凝固的音乐——建筑

特点是沿着纵轴线，在主要庭院的前后，布置若干不同平面的庭院，构成深度很大而又富于变化的空间。但纵向庭院过多，横向交通势必不便，故又以道路或小广场的形式将纵向庭院划为二组或二组以上，这是南北朝以来宫殿和大型庙宇常用的手法。第二种横向扩展的组群，在中央主要庭院的左右，再建纵向庭院各一组或二组，而在各组之间以夹道解决交通和防火问题。这种方法自唐以来常为宫殿、庙宇、衙署和大型住宅所采用，但不用夹道，而在主要庭院的左右，采用若干道横廊与两旁次要建筑相连接的方法，仅见于宋初祠庙中，且以后未继续发展。第三种纵横双向扩展的组群可以北京明清故宫为典型，就是从大清门经天安门、端门、午门至外朝三殿和内廷三殿，采取院落重叠的纵向扩展，与内廷左右的横向扩展部分相配合，形成规模巨大的建筑组群。

除上述各种布局方法以外，汉以来还有很多在纵横二轴线上都采取对称方式的组群。它和四合院建筑相反，以体形巨大的建筑为中心，周围以庭院环绕，再外用矮小的附属建筑、走廊或围墙构成方形或圆形外廓，如汉礼制建筑、历代坛庙以及宋金明池水殿等，但也有在其前部再加纵深组群的建筑，如汉宋间陵墓和清承德普乐寺等。此外，对于不位于同一轴线上的组群，往往以弯曲的道路、走廊、桥梁等形式联结。还有配合地形，对称与不对称结构相结合的组群，如拉萨的布达拉宫，其依山势自下而上，用曲折的磴道和参差错落的平顶房屋与院落，烘托中央具有轴线和覆有屋顶的主要殿堂，就是一个重要例证。至于中国园林，虽多是不对称的平面布局，但帝王的苑囿，为了朝觐与处理政务的方便，有部分具有轴线的组群。

古代建筑与城市布局

随着国家的产生而出现的城市，其布局皆以宫室为主体，辅以官署和生产生活有关的建筑以及城垣、壕沟等防御设施。中国历代都城都是依照这些定律而建造起来的。

在考古学方面，夏、商和西周的都城目前尚在探索阶段，可是文献和遗迹证明春秋战国间的都城已以宫室为主体，并且具有相当整齐的布局，在尔后漫长的封建社会中，陆续出现了长安、洛阳、开封、南京、北京等当时世界上规模宏大的城市。其他各地地方行政中心的省、府、州、县城也都按着

行政等级,有一定的布局原则。此外,汉以来还建造了很多主要用于防守的城市。这些所有的现象,显然和中国封建社会的中央集权的政治制度具有密切的关系。

从西周到春秋战国时期,以宫室为主体发展起来的城市,如周王城、齐临淄、赵邯郸、魏大梁、楚鄢郢、韩宜阳等都是面积相当大的城市,其中临淄住户约达7万户。文献《考工记》记载的当时王城制度虽尚待证实,可是近年来考古发掘发现侯马晋城与邯郸赵王城都有巨大的夯土台位于纵轴线上,若干战国小城市也已具有规划严整的街道,而汉长安城遗址发掘也已证明街道宽度沿用《考工记》所述以车"轨"为标准的方法;同时汉长安以闾里为单位的居住区也见于战国人补充整理的《管子》和《墨子》二书中。由此可见,春秋战国的若干都城将宫室置于中轴线上,并有了较整齐的街道和控制居民的闾里制度,充分反映了当时都城的布局。

西汉的首都长安,因先营宫殿后建城垣,城的平面成不规则形状,但主要街道仍作丁字或十字相交,并以水沟将大街划分为三道,两侧植树,此外还建设若干闾里和市场。自此以后,作为全国政治与文化中心的都城,大都

虎丘风光

第一章 凝固的音乐——建筑

采用这种规则式平面布局。

另一方面，在中国古代各地的城市建设中，出现了很多因地制宜的布局方式。北京城大部分位于平原，所以城市平面和道路系统多数方整规则。南方傍山临水的城市，结合地形，则较多构建为不规则的布局，但道路系统仍力求整齐。江南地区由于依靠河流为运输线，城内除道路以外，还开凿很多河道。例如苏州，至迟在公元7世纪至9世纪之间，就有了内外两套环城的主要河道与若干水门，再在城内开掘一套与街道相辅的河道网，其中有垂直相交的干线，也有与街道平行，通至住宅前后的支线，供运输和排水之用，在绿化方面，唐宋两朝在河岸植垂柳，宋朝有定期开放的南园与城外虎丘、石湖等风景点，都是当时市民游乐的地点。

此外，从唐末到五代，成都、江夏、苏州、福州等城市陆续建造砖城；成都、苏州及江南若干城市用砖铺路；福州街道则有九轨、六轨、四轨、三轨、二轨五种不同宽度，路面用石块铺砌，这说明这时期的城市工程曾有了不少进展。元朝虽拆毁很多城垣，可是明朝的大小城市普遍修建砖城。这种现象，无疑和火器攻具的使用及制砖手工业的发展具有不可分割的关系。

中国古代的工官主要是对城市的建筑设计、征工、征料与施工组织的管理，同时对建筑方面的经验总结及建筑"标准化"的实行起到了推动作用，如《营造法式》的编著就是工官制度的产物，这里面讲述的建筑法式是中国古代建筑的特点之一。

"工"这一词首先见于商朝的甲骨文卜辞中，是指当时管理工匠的官吏。《周礼》与《左传》也都记载了周王和诸侯设有掌管营造工作的司空。自此以后，各个朝代都承袭这种制度，在中央政权机构内设将作监、少府或工部，管理皇家宫室、坛庙、陵墓、城堡以及水利等工程的设计、施工，使其成为不可缺少的政务部门之一。由此可见，在中国历代国家机构的组织形式中，建筑事业与工官制度均占有重要的地位。至于主管具体工作的专职官吏，《考工记》称其为匠人，唐朝则称作大匠，主要工匠称都料匠，而后者从事设计绘图，又主持施工，后来明朝出现了少数由匠工出身成为工部首脑的事例。

工官的职务，首先是主持建筑工程的设计。在建筑设计中，汉朝初期已有图样。到公元7世纪初，隋朝使用百分之一比例尺的图样和模型，且往往将中央政府所定式样，颁送各地区按图建造。一直到清朝还保持着这一传统，以图样和模型相结合，在三度空间内研究建筑设计。其次，工官还管理估计工料及组织施工。由于历代营建都城与宫室，都须于短时间内完成大量工程，因而采取大规模的施工组织，除了常设的专职匠工以外，往往征集各地匠师、民夫和军工等，人数自数万人至二三十万人，甚至个别工程竟达两百万人。这种大规模的征工往往造成工匠、军工、民工的大量死亡和流离失所，是封建剥削制度下的极端残暴行为，说明中国历史上许多巨大工程以及集中民间优秀人才、优秀手法、提高技术、总结经验等成就是无数劳动人民的血汗和生命换来的。再次，工官还担负主要建筑材料的征调、采购和制造的职责。在营建某些重要工程时，其工作范围和动用的人力物力，都是非常巨大的。至于专业的匠师，则被封建统治者编为世袭的户籍，子孙不得转业。如清朝的雷发达一门七代，长期主持宫廷建筑的设计。从唐朝起，除了大规模征调匠师、民工以外，已有雇匠人的方式。明中叶以后，雇用的方式逐渐代替了征工，并出现了私营的包工商。到清朝，政府所直接掌握的工匠已为数很少，而包工商则大量出现。这是中国建筑业生产关系的一个重要转变。

中国古代建筑的文化底蕴

中国古代建筑蕴藏着深厚的文化底蕴，烙印着传统的礼仪道德观念，寄托了人类的美好愿望。中国古代建筑平面布局讲中轴线、讲中正、讲方位、讲对称，无论古都长安还是明清的都城北京，平面布局都以中轴线，方正的原则为依据。比如以明清北京为例，明朝的北京是在元大都的基础上改建和扩建的，北城墙向南移迁了五华里左右，基本成为东西略长的方形，后又在城南加筑外城，形成凸字形平面。实际上是北面的一个方形加南面的一个长方形。

旧时北京的重要建筑都建置在南北中轴线上，中轴线的南端是外城的永定门，途经内城的正阳门、大明门进入宫城的天安门、端门、午门、太和门、太和殿、中和殿、保和殿、乾清门、乾清宫，出宫城北门的神武门便是景山之巅的万春亭，而后至皇城的北门地安门，再最北端便是鼓楼和钟楼。这些重要建筑都设置在一条笔直的南北中轴线上，犹如人的脊柱，上通大脑，中枢神经贯穿其中，所以被尊重。

第一章 凝固的音乐——建筑

　　方正就是平和稳定，这是人类追求的理想目标。中国古代建筑讲尊卑、讲高低、讲上下、讲正偏、讲主从，这是传统封建等级观念的体现。在传统的理念里，北为正、为尊、为上、为主；东西为偏、为辅，次之；南为卑、为低、为下，宫廷的重要殿堂都坐北朝南。

　　在中国建筑的内外装修中，往往以各种石雕、砖雕、木雕、彩画为载体，用文字、图案、动物、植物、自然景物的造型，以假借、寓意、谐音等手法，寄托人类对吉祥、和平、幸福、美好的追求与向往。比如把万字、柿子、如意组合在一起，象征"万事如意"；把大象和宝瓶组合在一起，象征"太平有象"；把蝙蝠和寿字组合在一起，象征"五福捧寿"；把梅花和喜鹊组合在一起，象征"喜上眉梢"，诸如此类，不胜枚举。

知识链接

广福寺大殿

　　广福寺在云南镇南县城内，创于元代。大殿平面广 5 间，深 4 间，单檐九脊顶。檐柱卷杀为梭柱。外檐斗拱重杪重昂，昂为平置假昂，昂嘴斜杀为批竹式，但昂尖甚厚，至为奇特，柱上阑额虹起如月梁，补间铺作遂不用栌斗，将华拱泥道拱相交直接置于阑额之上，至为罕见。梁栿断面均近圆形，为元代显著特征之一。

第二节
古代建筑的特色

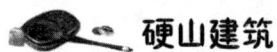 硬山建筑

硬山建筑的特征是：屋面仅有前后两坡，左右两侧山墙与屋面边缘相交，并将山部一缝檩木梁架外侧全部封砌在山墙内，山面裸露向上，显得质朴刚硬，故名硬山。硬山建筑是古建筑中最普通的形式，其构架组合形式是古建筑中最基本的构架组合形式，其他如悬山、歇山、庑殿等，它们正身部分的构架组成与硬山构架都基本相同。

硬山建筑以小式为最普遍。清工部《工程做法则例》列有小式硬山的几种主要形式：七檩前后廊式，是小式民居中体量最大、地位最高的建筑，常用来作主房，有时也用作过厅；六檩前出廊式，可用作带廊子的厢房、配房，也可用作前廊（后无廊）式的正房或后罩房；五檩无廊式，多用于无廊厢房、后罩房、倒座房等。硬山建筑也有许多大式的实例，如宫殿、寺庙中的附属用房或配房多取硬山形式。大式硬山建筑有带斗拱和不带斗拱两种做法。带斗拱硬山实例较少，一般只用一斗三升或一斗二升交麻叶不出踩斗拱。无斗拱大式硬山实例则很多，它与小式硬山的区别主要在建筑尺度（如面宽、进深、柱高均大于一般小式建筑）、屋面做法（如屋面多施青筒瓦、置脊饰吻兽，或使用琉璃瓦）、建筑装饰（如梁枋多施油漆彩画，不似小式简单素雅）等方面。

大式硬山屋顶有五条脊，屋顶前后两坡交界为正脊，前后两坡与山面的交界为垂脊（即由正脊两端垂下之脊，在硬山及悬山顶也常称为排山脊）。屋脊是屋顶不同坡面交界转折凸起处或屋面与墙面、梁架交界处的砖瓦砌筑物，

第一章 凝固的音乐——建筑

它处于整个屋面防水的薄弱环节，故需作特殊的处理，用砖瓦件覆叠拼砌形成凸起状，上有线脚和装饰，在满足防水要求的基础上，也成为中国古代建筑屋顶极具装饰性的部位。不论是何形式的屋顶，正脊一般都比垂脊高大突出，做法层次也复杂一些，两端用瓦件拼砌为团身高起的兽形装饰，

硬山建筑

明清多做口朝内吞脊、身尾向上向内卷的龙形吻，称为正吻或大吻，也有做似虎一类的头口向外的兽形装饰称为正脊兽。地方建筑则造型多变，但大多数仍属龙形。在垂脊前段（一般在正心桁或者檐檩分位上）安置一件兽头形饰件称为"垂兽"（宋式也称"垂脊兽"），垂脊就以此分为兽前和兽后两段，约分别占整个垂脊长度的1/3和2/3。兽前均匀排列一列筒瓦带兽饰件，统名走兽（又称小兽、小跑，实作蹲踞状。宋式称为蹲兽），至最前斜外捌角用仙人骑兽（宋式用"嫔伽"，做人首鸟身站立状。嫔伽是梵语"迦陵频伽"的简称，意为妙音鸟），此为琉璃屋脊做法。青瓦屋顶垂脊不用仙人，以狮子领头，称为抱头或领头狮子，之后一律用马，也有狮、马间隔排列的，悬山、庑殿、歇山顶皆同。仙人所骑为一带翼神兽，仙人之后的走兽数目要视建筑的等级和体量大小而定，一般情况下可按每柱高二尺放一件，总数为单数（不计仙人；青瓦屋顶则是包括抱头狮子在内的狮、马总数用单数。宋式用双数），庑殿、歇山顶最少用5个，最多用9个（宋式无硬山，悬山只用嫔伽一枚或蹲兽一枚，庑殿、歇山可用2、4、6、8），但清代等级最高的太和殿是例外，共有十个，其下檐走兽前后次序依次为：龙、凤、狮、天马、海马、狻猊（披头）、押鱼、獬豸、斗牛、行什（似猴）。走兽少于十件的，则按其次序之先后用其在前者（宋式中具体式样和次序都无定式）。但因它们都是些传说中的神异怪兽，故实际排列次序和名称有时会有出入，如海马和天马、狻猊和押鱼的位置可以互换（太和殿生檐走兽与下檐一样，但以海马在天马前），或以狮子与狻猊为一，或又加麒麟，等等。地方建筑也多有不依从官制者，按本地习惯设置，如明清长江以南浙江、福建、广东、四川等地很少用仙人，而在庑殿垂脊或歇山戗脊端用鳌尖翘起，鳌尖后部有时置一二人物，

悬山或硬山垂脊前端也是常用人物而不用兽头,花样也要比北方繁复得多。民居的小式硬山瓦作,虽有些也有垂脊,但更多是仅有正脊,所谓垂脊不过是一垄筒瓦及一些附带结构而已,也不施脊兽装饰。如果是卷棚顶或圆山顶,其可视为无正脊,也可叫圆山正脊、圆脊、元宝脊、过垄脊、罗锅(蜷蝈)脊等,不设吻兽;两边垂脊也是前后坡相通,称箍头脊或卷棚垂脊等。

  下面以清式七檩前后廊硬山为例,说明其木构架的基本组合方式和各部分构件功能。

  七檩前后廊式硬山建筑在进深方向有四排柱子,前后两排为檐柱。檐柱以内是两排金柱。如果是五檩无廊的建筑,就只有前后两排檐柱。而七檩前后廊式,就如同是在五檩无廊的建筑前后檐柱外又接续出一段廊子,它的出檐实际上相当于是将原五檩的出檐又向外挑出一段,挑出的这段出檐以廊柱也俗称小檐柱为支撑,而其里的金柱作为原五檩式的檐柱俗称老檐柱。在重檐成廊的建筑中,小檐柱(或径称檐柱)支撑下檐(亦即廊檐),老檐柱支撑上檐,若只从下面看,小檐柱就是最外的檐柱,老檐柱通常实际上就是紧邻小檐柱内侧的一排金柱。檐柱与金柱(或老檐柱)之间的空间就是廊子。前出廊的建筑,其门窗装修一般安装在金柱(或老檐柱)间,称为金里安装修。在檐柱与金柱(或小檐柱与老檐柱)之间,设长短等于廊宽的抱头梁与穿插枋。抱头梁里端插在金柱上,外端搭在檐柱柱头上,因梁头做成方直形状故名(在有斗拱的建筑中,这根梁的外端伸出于柱头斗拱之外,梁头做成形如道冠的挑尖形式,就称为挑尖梁,"挑"字或也写作"桃"),其主要作用是承接檐檩,同时兼有联络拉结金柱与檐柱的作用。抱头梁下平行用穿插枋(如在挑尖梁下则习惯称为挑尖随梁),在檐柱和金柱间主要起联系拉结作用。唐宋建筑中不用穿插枋,檐柱与金柱间的联系全靠架在斗拱上的梁栿来解决,结构尚不够稳定。金代将檐柱的柱头斗拱后尾的下层(即华栱)伸入到金柱柱头,做一根拉扯构

排山梁架古建筑

第一章 凝固的音乐——建筑

件。元代才出现了穿插枋，这是建筑结构上的一种进步。金柱之上设五架梁，五架梁上承三架梁。三架梁上居中安置脊瓜柱支承脊檩，余架梁檩节点下支承以金瓜柱或驼墩。

处于山部位置的两排梁架称为排山梁架（或简称排山）。排山梁架常常使用山柱，由地面直通屋脊并支顶脊檩，将梁架从中分为前后两段，也就是说山面上的各架梁并不通前后檐跨空，而是向内交止于山柱，使原来的五架梁变成为前后两根双步梁，三架梁变成为前后两根单步梁。单步梁、双步梁是因它们的长度分别是一个步架和两个步架而得名。从实质上看，所谓单步梁、双步梁就是因梁架跨空距离太大而需分段设置的，并不跨空脊檩前后的梁，故廊上的抱头梁或挑尖梁实际也是一根单步梁。如果廊宽以及排山梁架的檐柱（或老檐柱）与山柱之间的跨空距离增大，其上的檩数也随之增多，只用一根梁来支承是不够的，就设置单步梁、双步梁乃至三步梁、四步梁来承接上面增加的檩木，上承二檩长一步就谓之单步梁，承三檩长二步就谓之双步梁，四檩三步谓之三步梁，五檩四步谓之四步梁。这与跨空大梁不同架数的起架及命名原则是一样的，只是并不是如大梁那样是跨空前后的，而是外端交搭于檐柱或瓜柱上、里端交止于同一侧的金柱或山柱上，所以叫穿梁法，三步梁、四步梁也叫三穿梁、四穿梁。除了排山梁架外，较大进深建筑的间缝梁架，中央跨仍为抬梁式，而前后跨则常用穿梁法，梁外端搭于檐柱或老檐柱上，里端插入金柱内。故宫太和殿上檐的挑尖梁实际就是一根三步梁。三步梁、四步梁较多用于中柱式对金造门座建筑中。宋式中称双步梁为乳栿，称单步梁为札牵，但如三步梁、四步梁者，宋式就复称为三椽栿、四椽栿了。宋式中把除札牵、乳栿、平梁以外的长度在三架椽以上的屋架大梁统称为檐栿。

排山梁架各檩枋向外的一端均做出头，以使檩枋构件与梁柱能结合牢固，然后用山墙将其包砌在内。排山梁架在室内则露出墙面，可以看到。

硬山屋顶的前后两坡，尤其是后坡，往往也有不出檐的做法，椽子只架到檐檩上而不往外伸出（称为哑巴椽），墙一直砌到檐口并将椽头封住，不令露在外面，称为封护檐。这种封护檐有时还用砖做成假椽头和假连檐的形式。

硬山建筑在宋《营造法式》中没有记载，包括《清明上河图》在内的宋代的绘画、雕刻以及建筑遗物中也都没有见到过。由于这种建筑的两山墙体不受屋顶的遮盖，如果是土坯墙则极易受雨水冲蚀毁坏，对于山面木构梁架的保护同样是不利的，所以只有在明代砖的生产数量有了极大提高以后，普遍以砖墙取代土坯墙，硬山建筑才广泛应用于我国南北方民居住宅。

 悬山建筑

悬山顶结构与硬山大致相同，只是山面梁架上的各道檩子不像硬山那样止于山面梁架并封在山墙内，而是继续伸出山墙或山面梁架以外一段距离。这样，屋面就有一部分悬挑于山墙或山面梁架之外，故称为"悬山"或"挑山"，其挑出的部分称为"出梢"。悬山屋顶瓦作的设脊形式同于硬山。

悬山结构的檩木悬挑出梢，使屋面向两侧延伸，在山面形成出沿，有防止雨水侵蚀墙身的作用。但檩木出梢也带来了山面木构架暴露在外的缺点，对于建筑外形的美观和保护木构架端头是有影响的。于是，匠人们便在挑出的檩木外端钉一道随屋面坡度弯曲的人字形厚木板，从而使暴露的檩木得到掩盖和遮护，这种结构叫博风板（或作搏风板、博缝板等）。博风板的尺度与檩子或椽子成正比，清《工程做法》规定，其厚0.7～1椽径，宽6～7椽径（或二檩径），每步架为一段，长同该步架的椽长。用于悬山建筑的博风板，最下面一块要做博风头，形似箍头枋之霸王拳头。

为了加强对出梢檩木的支撑，在其下施燕尾枋，高、厚均同垫板，安装在排山梁架的外侧，形式上可以看作是内侧檩垫板向出梢部分的延伸和收头，但实际上二者在构造上没有任何关系。燕尾枋下面的枋子出头为箍头枋，既具有拉结柱子的作用，又有装饰功能。

悬山梢檩出梢尺寸的多少，清式有两种规定：一种是由山面柱中向外挑出四椽四档，另一种是由山面柱中向外挑出尺寸等于檐出尺寸。

与悬山建筑山面构架有关系的山墙，也有不同的做法。常见的有三种：第一种是满砌式，即墙面一直封砌到顶，仅把檩子挑出部分及燕尾枋露在外面。第二种是五花山（墙）的做法，山墙只砌于每层梁架的下皮，随着梁架的举架层次砌成阶梯状，将梁架暴露在外面，余下的梁架间的三角形空当称为"象眼"，用木板封堵称为象眼板。五花山墙的做法是悬山建筑所独有的，它的优点在于木构架的透风防腐，同时改变了墙面平板单调的外形，美观了房屋建筑的立面。第三种是半砌式，山墙只砌在大柁下面，主梁以上木构全部外露，梁架之间的空当用木板（封山板）来封堵。这种做法山面外露的梁

第一章 凝固的音乐——建筑

架常做彩画，也具有较强的装饰效果。此外，还有一种五花山结合半砌式的做法，即下部为五花山墙砌法，但并不通上而砌，而将其以上的梁架又全部外露，其山墙形成的折阶数要少于一般的五花山墙，通常前后总共只有三阶，故或谓之三花山墙。这种做法常用在前后廊式悬山建筑，前后廊部位山墙砌至穿插枋下，之间的屋身山墙砌至大梁或随梁枋下。官式硬山建筑的山花常以方砖贴出模仿悬山的假博风，宫廷中甚至还以琉璃砖镶嵌出山墙上部的梁架图案，形成类似于悬山的五花山墙或半砌式山墙的外观形式。

　　悬山应该是两面坡屋顶的早期做法，也是我国一般建筑中最常见、最基本的形式。从相关材料反映的情况看，唐以前重要建筑都不采用悬山顶。山东肥城孝堂山汉郭巨祠、北魏宁懋石室为悬山顶，其他如汉画像和明器中也仅见用于民间建筑。南北朝迄唐的石刻、壁画和建筑实物中，同样如此，凡属较重要的建筑都未用悬山。宋画《清明上河图》所表现的汴梁街道，其城门门楼用庑殿顶，酒楼用歇山顶，而一般店肆及民居则用悬山顶。明清时期的情况仍然如此，虽然宋、元以来有一些寺观的正殿采用悬山顶，但毕竟属极少数，且寺观的规模一般都不算大，大多数情况下也像硬山建筑一样，至多用为宫殿、寺观中的配殿、附属用房及园林建筑。

　　也许正因为如此，在宋《营造法式》中对这种民居中广泛使用的两坡顶没有一个能反映其特色的名称，仅仅是用"不厦两头造"来和本是由其发展而来的"厦两头造"（歇山）对应而称，表明它是一种两头没有出"厦"（披檐坡）的房屋，而在其他宋代文献中有称其为"两厦"（又写作"两下"）、"直废造"的。清式悬山出梢，在宋式中谓之"出际"，出际的长度和房屋进深、山尖高度有直接关系：房屋深、山墙宽，则山尖高，出际也就长；房屋浅、山墙窄，山尖低，则出际可以短。《营造法式》规定的出际制度只和椽数架深有关，与间数、材料等无关，如：两椽屋出际2~2.5尺，四椽屋出际3~3.5尺，六椽屋出际3.5~4尺，八椽、十椽屋出际4.5~5尺。

庑殿式（五脊式）建筑

　　庑殿式建筑（五脊式），属大型建筑，是中国建筑中等级、地位、品质最高的一种建筑，只有宫殿、皇家庙宇和社稷等具有纪念性的建筑才能使用，其他任何地方均不得使用，否则将处以违法犯上之罪。它是皇权、神权、最高统治权的符号象征。它往往坐落在建筑群中轴线上的重要位置上。由于它体量大，建材好，做工精良，装饰精美，整个造型庄严肃穆，雄伟亮丽，在整个建筑群中如众星捧月，格外瞩目。如故宫的太和殿、乾清宫、太庙的享殿与大戟门等为典型代表。

1. 梁架结构

庑殿式建筑梁架建在平素座或须弥座之上，以后者居多。庑殿式建筑有带斗拱和不带斗拱两种，带斗拱的庑殿式建筑，檐柱柱头和大额枋顶着平板枋，平板枋上安装斗拱，柱头科顶着桃尖梁；不带斗拱庑殿式建筑，没有平板枋和斗拱等构件，桃尖梁改为抱头梁。庑殿式建筑屋面有四个坡面，这四个坡面的坡度大小和坡度长短必须相同，否则无法"交圈"。为解决这一问题，两山的步架无论架数多少，举折必须与两檐正身的步架架数、举折大小完全相同。庑殿的正身是七架梁或九架梁，与硬山、悬山建筑梁架结构完全一样，没有区别。那么庑殿建筑只要在它的两个山面的檐部造成桃尖梁或抱头梁，檐部以内造成七架梁或九架梁或相当于七架梁或九架梁的结构形式，通过这种特殊的梁架结构，左右两坡的问题就解决了，山面的椽条就有了着落。

太庙

第一章 凝固的音乐——建筑

2. 屋面

庑殿建筑屋面所使用的瓦件，多使用黄色琉璃瓦，由于当时的审美习惯，黄色在诸色中，地位最高，是皇权的象征，只有皇家才能使用。庑殿共有五条脊，故亦称"五脊殿"，它有一条正脊，正脊两端饰以大吻；每条戗脊的子角梁端安有套兽，脊前端往上有仙人走兽，最后一个兽的后面放一块瓦，瓦的后面就是垂兽。垂兽前为"兽前"，垂兽后为"兽后"。垂兽安在正心桁或挑檐桁中心线上。

3. 墙垣

庑殿墙体四个角的做法有三种形式。其一，山墙与后檐墙垂直相交，将柱完全包在里面；其二，柱包在墙体里面，但两墙体做抹角；其三，山墙与后檐墙做抹角，柱露出约1/4。槛墙与硬山槛墙基本一致，只是山墙不同，由于它没有盘头和山尖，因此结构比较简单。都是自地面一直垒砌到枋的下皮，做成"馒头顶"或"宝盒顶"，上面的梁架结构完全露在外面。

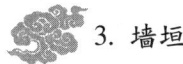 显山式（歇山式）建筑

显山造型，外观好像是庑殿建筑与悬山建筑的结合体，屋面下部，像似庑殿建筑，有前、后、左、右四面坡，屋面上部，是前、后两坡悬山。下面四个翼角若鸟翼腾飞，上面两坡高耸，建筑造型既庄严又活泼，在等级上仅次于庑殿建筑，但在应用上比庑殿使用更广泛，除宫殿外，府衙、庙宇、上层社会府邸、园林、铺面等都可使用。

显山梁架建在平素座或须弥座上，单檐显山建筑外观，显山外观造型取决于内部梁架结构，它的正身梁架与硬山梁架没有什么区别，前、后檐椽搭在檐桁和下金桁上，形成前、后两面坡；而山面的左、右两坡的檐椽，必须底下有檐桁可搭，上面有下金桁可放。为了解决这一问题，就需要使用角云、顺趴梁和踩步金梁这三种构件。

在角柱顶部安装一个角云，在左右梢间的檐部各安装一根顺梁，梁头搭在山面的金柱上，尾部与内一缝的金柱相交，相当于横向的长抱头梁。角云

大雄宝殿歇山式建筑

与顺梁梁头共同顶着山面檐桁,山面檐桁与檐面檐桁十字相交。再往里一步架位置,设交金瓜柱或交金墩,交金瓜柱或交金墩顶着踩步金梁,梁两端的假桁头与前后下金桁十字相交。

踩步金梁的外侧椽栿,便承纳山面檐椽,椽条下端搭在山面檐桁上。实际上踩步金梁相当于正身相应的七架梁或九架梁。再需解决翼角结构问题,翼角部位必须安装45°的角梁构件,角梁安装在角云上的搭交檐桁上。老角梁底面扣在两檐桁搭交处,其尾部自下承托下金桁与踩步金假桁头搭交处;子角梁附在老角梁背上,尾部扣在下金桁和踩步金假桁头的搭交处,这样显山下面左右两坡的问题就解决了。

但是上部前后两坡悬出多少,博风板、山花板安在什么位置?清工部《工程营造则例》规定了显山收山法则:显山建筑由山面檐桁(带斗拱的建筑按正心桁)的檩桁中向里一檩桁径定为山花板外皮的位置。根据这一规定,便可确定梢桁自踩步金中伸出的长度。即檐步架减去1柱径,再减一个山花板的厚度为上金桁与脊桁伸出的长度,再加半个山花板的厚度作榫长,以固定山花板。在顺梁之上,前后下金桁的下面,纵深安装一根踏脚木,踏脚木底面成坡形,以便搭在山面下斜的椽上。踏脚木长为步架长前后各加一个桁径,带斗拱显山建筑的踏脚木,高4.5斗口,宽3.6斗口;不带斗拱显山建筑的踏脚木,高1柱径,厚0.8柱径。在踏脚木背部上金桁和脊桁的相应位置,安装三根草架柱,以承托两根上金桁与脊桁。带斗拱建筑的草架柱,宽2.3斗口,厚1.8斗口,不带斗拱建筑的草架柱,宽0.5柱径,厚0.5柱径,草架柱间由穿连接,穿的截面与草架柱相同。草架柱外面安装山花板,山花板的前后两边缘安装博风板。

第一章 凝固的音乐——建筑

其他形式建筑

1. 囤顶式建筑

囤顶式建筑多见于北方农村,屋顶微成弧形,便于存晒粮食。这种房一般不施瓦,而用黄土、秸草、白灰等混合苫背抹顶。这种房一般进深较小,梁架结构也比较简单,只有一根相当于五架或四架的梁,前后檐柱顶着梁,每步架位置立一矮柱或墩,自中向内檐略降低,坡度很小,矮柱或墩直接顶着檩,檩上铺椽,椽上往往铺苇席,席上再抹草泥顶。

2. 勾联搭

有的建筑由于功能需要进深要大,若施两坡顶,则无论是屋面的长度还是屋脊的高度都会过大,为了解决这一问题,采用两个以上屋脊相联结的组合屋面结构,形成勾联搭式。它的结构方式很像一殿一卷式垂花门建筑。

3. 盝顶

盝顶有四面短坡和八条脊,顶部是大矩形的平顶,上部由四根脊围成,四个角饰以合角吻,其他四条脊为戗脊,脊上饰有仙人走兽。此种屋面形式元、金代较为盛行,现在生活中较少。

4. 平顶

此种建筑屋面基本水平,略有一点向前的坡度,便于排水。一般不用瓦件,而用黄土、秸草、白灰等材料和水抹成。

5. 单坡

顾名思义,只有一面坡,像似两坡硬山建筑从脊部劈开,一分为二。脊在后墙顶上。此种建筑进深较短,梁架一般使用三步梁,每步架较长,举折较大。多见于山西、河北西部、陕西等地。此种建筑由于后檐墙高前檐墙低,

围成院落，若城墙高筑，比较安全。

《营造法式》

《营造法式》是中国第一本详细论述建筑工程做法的官方著作。北宋绍圣四年（1097年）将作少监李诫奉令编撰，元符三年（1100年）成书。对于古建筑研究，唐宋建筑的发展，考察宋及以后的建筑形制、工程装修做法、当时的施工组织管理，具有不可估量的作用。书中规范了各种建筑做法，详细规定了各种建筑施工设计、用料、结构、比例等方面的要求。全书357篇，3555条。是当时建筑设计与施工经验的集合与总结，并对后世产生深远影响。

第三节 古代著名建筑师

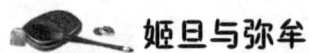

姬旦与弥牟

姬旦出生于公元前11世纪，是周文王（姬昌）十个儿子中的第四子。他协助二哥姬发（周武王）推翻了商王朝的统治政权。武王去世后，姬旦成为

第一章 凝固的音乐——建筑

辅助13岁成王的摄政王，平定了自己兄弟管、蔡等的叛乱，安置了殷商的遗民，创立了分封制的政治制度、井田制的经济制度和以礼乐为中心的文化制度，为周王朝长达700年的封建统治奠定了踏实的基础。他不求私利，用心辅佐培养成王，并在成王20岁之时，把统治权交给了他。在中国历史上，他是少有的一位得到后世一致称颂的政治家，被人们尊称为周公。

周公在营造洛邑时任用了一位名为弥牟的建筑师（工程师）。他的任务是"计丈数，揣高卑，度厚薄，仞沟洫，物土方，议远迩，量事期，计徒庸，虑材用，书糇粮……"并编写手册"以令役于诸侯"。这些都是营建一座城市及其建筑不可缺少的工作，但是都属于技术性的工作，按当今的实践标准，他属于建造师（施工工程师）一类。至于"新的帝都的全部基本设计，最终负有责任的权威是周公"。关于弥牟的生平，我们没有看到任何具体资料。

周公旦营造洛邑（在今日洛阳附近）是有远大的战略目标的。周人原来的根据地在今日西安附近的丰镐。在殷商王朝时期，它偏踞一角，易攻易守，但是一旦成立中央政权，就显得偏僻。洛水以北的新都（据说这个城址是武王在世时就与周公共同看好的），处于当时全国的中心地带，"此天下之中，四方入贡道里均"，有利于实施中央政权的权力。

周公旦在规划洛邑城时，还有一个大胆的构想：把新的首都和殷遗民的定居地共同规划，分别布置在瀍水两岸。这样的做法，不仅便于对前朝遗民的控制管理，也便于文化的交融。当然，从政治风险角度来说，他用高大的城墙把新都包围起来，加强了新城的防卫能力，也因此增益了都城的雄伟壮丽。

从考古发现挖掘的遗址来看，洛邑的城市规划与西汉时期被发现并被添加到《周礼》中的《考工记》一书中的"匠人营国"一节中描述的都城规划非常一致，以至于人们可以把它视为洛邑规划的实录。

《考工记》中写道："匠人（当时"匠人"泛指从规划设计到营造者）营国（这里的"国"指的是都城），方九里，旁三门。国中九经九纬，经涂九轨（一轨为八尺宽）。左祖（指祖庙）右社（指社稷坛），面朝（外

匠心独运的古建筑

朝)后市(市场)。市朝一夫(一夫约100亩地)。"

我们现在已无法知道洛邑城内的建筑是什么样子的了,但是从记录中,我们知道周公为成王建造了一座会见诸侯的"明堂":

"它盖以圆形屋顶,只用柱子支撑,所有的边都是开敞的……"在成王的坚持下,周公被指令来代替主持接见仪式。"周公坐上明堂他自己的位置,他站上高一层的台阶,背靠一个特别设计装饰的象征皇帝权力的屏风……诸侯和首领们一个接一个地走上前去,登上台阶,按他的等级和资历表示敬意,并献上他官职的徽章……在履行这些礼节之后,诸侯们按等级站到东西南北的台阶之外。"

洛邑的建筑没有遗存,但是我们从陕西凤雏发现的西周遗址可以看到当时已经存在有土木构筑四合院的居住模式,可以想象当时洛邑的宫廷和居住建筑也是以中国传统庭院式的土木构筑为主的。

我们把西周时期的土木建筑与历史记载的商朝末代国王帝辛(纣)所修造的宫廷建筑——鹿台作一比较,可以发现一些启示。据现代历史学家钱穆先生形容:

帝辛为他的宠妃,在殷的南边邻近朝歌的地方,修建一座更好的宫殿,他称之为"鹿台"。一些厅堂和内室都用宝石,宫门都用大理石建造。这座宫殿面积大约是2000平方米,从地面到屋顶高度超过千尺。远望像座小山。花了7年时间才完成。因为这项开支,帝辛在全帝国征集新的贡物,并增加了谷物的征收。他还广泛地搜寻狗马和美丽珍稀的物品来充实这座宫殿,使妲己高兴。

在牧野之战中,帝辛被打败,他逃回鹿台"蒙衣其珠玉,自燔于火而死"。妲己和其他的宠姬也自尽而死。鹿台被毁,自此以后,石造宫殿被视为不祥之物。

在中国传统的建筑思想中,存在一种亲土木、忌金石的观念。如果把商、周建筑作一对比,商纣王建造鹿台而亡命于此也成为这种追求奢华而死于金石的历史象征,说明中国从西周开始就形成了一种崇尚节俭、反对奢华的道德观念,这应当是我们一笔宝贵的精神遗产。

第一章 凝固的音乐——建筑

能工巧匠：鲁班

在河北蓟州城里，有鲁班庙（据罗哲文先生称，这是国内唯一独立供奉鲁班的庙），里面供奉的是公元前5世纪鲁国的公输般。因为"般"与"班"同音，因此认定公输般就是传说中的鲁班。据介绍，公输般发明过攻城的云梯，也发明过滑翔机。这些都是战争工具。

据民间传说，鲁班是春秋时期人，是中国木匠的祖师，他发明了木工用的锯子、墨斗等工具，还发明了纸伞。因为鲁班是鲁国人，且"班"与"般"同音，便有人把鲁班等同于公输般，单从此来看，显然证据不足，公输般与传说中的鲁班在专业和事迹上并不一致。值得注意的是，朱启钤先生所编的《哲匠录》中没有鲁班之名。

事实上，鲁班是中国民间"英雄崇拜"的一个对象，就像诸葛亮代表智慧、关羽代表义气、观音代表慈祥一样，鲁班则代表了技艺。他和希腊神话中的代达罗斯一样，是一个传说中的人物，一个被理想化的英雄，他的身上几乎集中了我国民间工匠的所有智慧。规矩（木工使用的曲尺——也叫矩，又名鲁班尺）、墨斗、锯、钻、刨、凿子、铲子等木工工具都是他的发明。据传说鲁班的母亲和妻子都是发明家，"弹墨线用的小钩被称为'班母'，刨木料时顶住木头的卡口叫做'班妻'"。明朝人编的木工手册也被称为《鲁班经》。

凡是人们遇到难以解决的复杂工程问题时，不管什么朝代，鲁班爷准会出现。

大家都知道世界闻名的河北赵州安济桥是隋朝的李春建造的，但在民间却有传说是鲁班的作品。传说中他在一夜间造起了这座桥，惊动了八仙之一张果老，于是张果老倒骑毛驴，褡裢里装着日月，与柴王爷推着满载五岳名山的独轮车一齐登上了桥。严重的超载使桥身摇摇欲坠，鲁班跑到桥下，举臂托起了桥身。据说现在桥上还有车道沟和柴王爷的膝盖印。

解州崇宁楼

明成祖朱棣迁都北京，建造紫禁城时，一夜梦见仙楼，有天仙老人告诉他，"此楼乃九梁十八柱七十二脊"。次日即命工部在城角依样建造，难倒了建造工匠。工匠们无法交差，决定集体自杀。此时鲁班以卖蝈蝈老人的形象出现，手提一蝈蝈笼子，那恰好是角楼的模型。工匠们据此得以完成任务，北京自此有了这样的"仙楼"。

在山西解州（关羽的故乡）参观关帝庙，可以看到在一栋被称为崇宁楼的建筑周边有 26 根石柱。传说中，在施工时，当人们无法竖起这些比埃及金字塔所用的方石块还要重的柱子时，春秋时期的鲁班爷就以一个疯老头的形象出现在纪念三国时期的关公的清代康熙年间的庙宇工地，指导工人们用填沙袋的办法竖起了这些柱子。

除此之外，我们日常用的石磨、箱子上的锁和钥匙，甚至还有能飞的木鸟、能跑的木车马等器械，据说都是鲁班的创造发明。时至今日，在云南的乡村，人们还把他的生日（每年农历四月初二）定为鲁班节来庆祝。

萧何与未央宫

萧何（？—公元前 193 年），西汉初年政治家，徐州小沛（今江苏沛县）人。早年任秦沛县狱吏。秦末辅助刘邦（见汉高祖刘邦）起义。攻克咸阳后，别人忙着抢夺金银财宝，他却赶紧去接收秦丞相、御史府所藏的律令、图书等，从而掌握了全国的山川险要、郡县户口等资料，对日后为刘邦制定政策和取得楚汉战争胜利起了重要作用。刘邦为汉王，以萧何为丞相，萧何推荐韩信为大将军。楚汉战争时，他留守关中，侍太子，制定法令，使关中成为汉军的巩固后方，并不断输送士卒粮饷支援作战，刘邦战胜项羽建立汉王朝，萧何功不可没。战争结束后，刘邦论功行赏时，把萧何列为第一功臣，封他为侯。萧何采撷秦六法，重新制定律令制度，作《九章律》，又协助刘邦消灭韩信、英布等异姓诸侯王，被拜为相国。刘邦（高祖）死后，他辅佐惠帝，惠帝二年卒。

上面这段介绍，简明扼要地叙说了萧何生平的大部分主要事迹，但没有提到他在建设首都长安城和其宫殿中的作用，其实此项工程是他的重要业绩之一，对汉建筑文化起了奠基作用。

"汉初三杰"——萧何、张良、韩信，辅助刘邦打败了项羽，赢得了政权

后，张良"急流勇退"，退出了政治舞台；韩信封侯不久，就被刘邦借吕后之手剪除；唯独萧何在丞相高位上善始善终。其间，刘邦曾多次猜疑过他。甚至有一次因为萧何请刘邦让农民进上林苑空地耕种，触犯了刘邦，"乃下何廷尉，械系之"。即使如此，每次萧何都巧妙地消除了刘邦的猜疑，继续得到重用。据《汉书》记载，他在留守汉中期内，"立宗庙、社稷、宫室……"刘邦允许他先行后奏，说明对其的信任，而萧何也利用这点"小自由"来实现自己的建国方略，包括新首都长安的建设。

萧何重视收集秦政府的档案文件，说明他心目中的理想政权，显然是以秦为模式的。还可以设想，在萧何收集的"律令图书"中，也包括了秦"写放"六国宫室和建造皇宫的资料。

初始，刘邦的根据地是秦都咸阳附近的栎阳。为长治久安，根据张良的建议，刘邦决定建都关中地区，他选择了位于西周丰镐和秦咸阳之间、渭水南岸的龙首原为未来首都的位置。

由于战争仍在进行，长安的建设是先宫殿后城市。在萧何的主持下，汉五年（公元前202年），先改建秦燕乐宫为长乐宫，汉七年加以修饰利用。据《三辅黄图》称："长乐宫有鸿台，有临华殿（又说是武帝建），有温室殿。有长定、长秋、永寿、永宁四殿，高帝居此宫，后太后常居之。"其中"鸿台，秦始皇二十七年筑，高四十丈（92米），上起观宇，帝尝射飞鸿于其上……"

汉七年（这个年代值得怀疑），萧何乘刘邦外出之际，在长乐宫的西南又建造了未央宫。《西京杂记》称："未央宫周围二十二里九十步五尺（约8800米），街道周围七十里。台殿四十三，其三十二在外，其十一在后宫。池十三，山六，池一，山一，亦在后宫，门闼凡九十五。"其中最宏伟的是前殿，它"利用龙首山的丘陵为殿基……台基南北长350米，东西宽165米……由南向北分为三层台基……中间台基上的主体建筑……是前殿的中心建筑物……东西130米，南北70米……"加上殿前的北阙和东阙，可想象其宏伟。

未央宫复原图

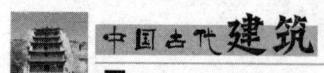

《汉书》中有段传世佳话:"高祖七年,萧何治未央宫,立东阙、北阙、前殿、武库、太仓。上见其壮丽,甚怒,谓何曰:天下匈匈,劳苦数岁,成败未可知,是何治宫室过度也!何对曰:以天下未定,故可因以就宫室。且夫天子以四海为家,非令壮丽无以重威,勿令后世有以加也。上悦。自栎阳徙居焉。"

从对话可知,萧何是长乐宫和未央宫的总策划(建筑)师,他在皇帝不知情(或装作不知情)的情况下"先行后奏"修造这些宫殿,换作任何人都不可能有此胆量。当时各种规范均未制定,宫殿的规模、尺度、装饰标准等都没有成规可循,也只有萧何才能从秦朝的档案中掌握既要"壮丽"又对后世起约束作用的建筑标准。

当然,萧何不可能一个人完成这么宏伟的建造任务,他在咸阳收集秦律令图书之时,一定也注意网罗了秦代将作少府中的匠师。《哲匠录》中提到过一位杨城延者。后者与萧何的关系有点像上节中的弥牟与周公旦。

萧何建造未央宫的设计思想是"非壮丽无以重威",旨在树立中央王朝的权威,与追求奢侈有所区别。《汉书》中说:"何买田宅必居穷辟处,为家不治垣屋。"可见他本人治家是很节俭的。

萧何提出的"勿令后世有以加也",是句搪塞的话,至多只是个"良好的愿望"。事实上,后世帝王不会因此而约束自己。最明显的突破,是在不到半个世纪后汉武帝(刘彻)在位之时。

曹操与邺城

曹操(155—220年),即魏武帝。三国时政治家、军事家,诗人。字孟德,小名阿瞒。人们从《三国演义》中知道他是"乱世奸雄",但是在郭沫若先生为他翻案之前的一些文献中,对他已有较客观的介绍和评价,特别是把他作为文学中"建安风格"的创始人,更是早有定论。《魏志》中说他"为人多机智,才力绝人,及造作宫室,缮治器械,无不为之法则,皆尽其意",说明他不仅善于指挥,而且是一名出色的建筑师和机械工程师。

曹操的营造业绩,最突出的是在他当魏王时的都城邺城(今河北临漳县附近)的建造。那里曾经是袁绍的据点,曹操在公元203年破袁氏后即占领并经营此地;公元208年他虽然兵败赤壁,仍自封为丞相;公元210年建铜雀台;公元213年建社稷宗庙。他虽然没有当皇帝,但是邺城却是他的王城。

第一章 凝固的音乐——建筑

从考古了解的邺城,可以说它是中国第一座按理性原则建造的都城。城市的规划充分实施了后来在欧美出现的功能分区的规则。全城有一条贯穿东西的大路,把城市分为南北两大块。北面的一块由西到东分别是园林、宫殿和"戚里"(贵族居住区);南面的一块则两端为军营,中间是民居,在沿北块中轴线上有一条南北大街,两侧设置官署(这种通向皇宫,两侧为官署的大路后世称之为"御道")。在园林西侧有三座高台(分别称为冰井、铜雀、金虎),对外有防御之功,对内有观赏和检阅之用。这种方正有序又不机械遵循《考工记》规范的布局充分体现了史书中赞扬他的"无不为之法则,皆尽其意"的建筑才干。

从建筑来说,曹操所建铜雀等三台,是当时典型的建筑类型,它可以说是汉代的阙和望楼的发展,具有功能与标志性相结合的性质。

值得一提的是,在公元221年,铜雀台建造后的11年,也就是曹丕废汉帝自立为皇帝后一年,曹丕命人在(曹魏)洛阳建造了高20丈的凌云台。《世说新语》中有一段形容文字,大意是说它的"构造非常灵巧,最先取材的时候,对于建材的轻重受力,各方面都计算得极准确。因此楼台虽然很高,风吹之时又摇晃摆动,但是一直安然无恙。后来魏明帝(227—239年在位)惧其势危,派人用大木材去支撑,结果反而倾坏了"。我们虽然无法知道修造凌云台的建筑师是谁,但是却可以断定,他的高超技术远在西方罗马建筑师之上。

宇文恺

宇文恺出生于宇文氏北周王朝(557—581年)豪门贵族之家。父亲是大司马,他生后三年就因是"功臣之子"而封爵,七岁时已经"进封安平郡公,邑二千户"。他的几位哥哥(其中最突出的是后来隋朝的大将军宇文忻)从小就"以弓马自达",而他却"好学深思,尤多技艺"。

在隋王朝取代北周时,宇文恺也一度与其他宇文家族成员一起被判死刑,幸亏由于他哥哥宇文忻对隋有功而得到宽恕。此后,他就靠自己的巧思和技艺而获得隋朝两代皇帝的器重,承担了越来越大的工程,树立了流传后世、直至现代的业绩。

据《隋书》载,隋文帝杨坚(581—604年在位)在北周的基础上重新统一了中国后，任命宇文恺进行了下列工作：

（1）建宗庙。在隋初，任命其为"宗庙副监"，"庙成，别封甄山县公，邑千户"。

（2）建新都大兴城（今西安）。《隋书》列传中称文帝因他"有巧思"而任命其为营新都副监。总监是高颎，但"高颎虽总大纲，凡所规划，皆出于恺"。关于营建大兴城的负责人，同一《隋书》中有不同说法，在"文帝本纪"中称：诏左仆射高颎、将作大匠刘龙、巨鹿郡公贺娄子干、太府少卿高龙叉等建造新都；在"列传"中又肯定宇文恺为副监，在这里，宇文恺与刘龙的关系不清。

（3）修运河。"决渭水达河，以通运漕。诏恺总督其事。"

（4）修故道。"朝廷以鲁班故道久绝不行，令恺修复之。"其间因兄宇文忻被诛，他一度被"除名于家"。

（5）建仁寿宫（文帝的夏宫）。由右仆射杨素推荐，被任命为"检校（有代理之意）将作大匠"，随后不久，即正式提升为仁寿宫监，再不久，被任命为将作少监。

（6）营皇后陵墓。文献皇后死后，他与杨素共营山陵，得到隋文帝赞许，复封爵安平郡公，邑千户。

喻皓与李诫

喻皓与李诫，是两位分别生活在北宋早期与晚期的建筑家。他们都有着传奇式的建筑生涯，既是实践家，又是理论家，善于把自己和同行的实践经验总结提升到理论高度，并形成规范。他们的思想和作品应当说是宋代建筑中理性主义的结晶。

喻皓（或称预浩），五代末、北宋初人，具体生卒年代无记载，家居浙江杭州，出身卑微，"不食荤茹，性绝巧"，专长于建造木塔，在北宋初当过"都料匠"（掌管设计、施工的木工）。如果说鲁班是位传说人物，喻皓却是实有其人，但他的一些事迹也极富传奇色彩。欧阳修在《归田录》中曾称赞他"国朝以来木工一人而已"。

喻皓被人传颂的主要有两件事：一是在东京（汴梁）建造开宝寺塔，另一是建造杭州的梵天寺塔。开宝寺塔建于太宗端拱二年（989年），"八隅，

第一章 凝固的音乐——建筑

十一层，三十六丈（约 111 米高），上安千佛万菩萨，下作天宫，安阿育王佛舍利……赐名福胜塔院"。建造时喻皓先做好模型，每建一级，外设帷帘，人们只能听到他在里面操作的锤凿之声。每一个模型完成一级，完成后检查其梁柱有"龃龉未安"者，就沿塔的周围视察，随时用槌撞击数十下，塔身就"牢整"了。

据说，当时有一位文人名郭忠恕，河南洛阳人，"工篆籀，尤善画"（然其画高古，未易为世俗所知）。他对喻皓所做的小样末底一级进行了计算，算到上层发现有一尺五寸

开宝寺塔

之误差（相当于塔高的 1/240），杀收不得，就请喻皓再审查。皓因之数夕不寐，以尺校之，果如其言。黎明叩其门，长跪以谢。这座塔建成时为十一层，比原来计划的少二层，不知是否因此缘故。

塔本身建造了 8 年，竣工后人们发现塔身不正，向西北倾斜，怪而问之。皓回答说，"京师地平无山，西北风不断地吹，所以要做得斜一些，不到一百年就扶正了"，可见其用心之精密。

从这段故事可见，北宋时的工匠在积累众多经验的基础上，仍然依靠制作小样（模型）来指导正式施工，并且为塔身在风力下的变形留有余地，这都是科学的工作态度，即使这样，仍避免不了误差的出现，而要靠数学计算来检验。这些，都是宋朝理性主义思想的某个侧面。

建造杭州的梵天寺，由喻皓设计，其他匠师施工。建造了两三级后，主管官员钱氏在登临检查时发现塔身摇动。匠师回答说因为还没有布瓦，上面没有重量压住所以摇动，但是等瓦布完后塔还是摇动，匠师束手无策，让自己的妻子带了礼品金钗给喻皓妻子请喻皓指点。喻皓笑着回答："这事容易，只要在每层钉上木板就行了。"匠师按此方法执行，塔果然不晃了。以现代技术术语来说，就是塔的结构刚度加强了，抗震动能力也提高了。

喻皓虽然出身低微，但谦逊好学。他懂得向前人学习，经常去唐代建造的相国寺观察结构，他发现其他部位的结构均可理解，但是卷檐的做法却不好懂。于是频频去访，到了塔下，抬头观望，站累了就坐，坐久了就卧，仍

然"求其理而不得"。在这种好学精神的驱动下，他写了《木经》三卷，可惜后来失传。欧阳修在《归田录》中记载了《木经》的部分内容。喻皓把房屋按高度分为：上分（梁以上）、中分（地以上）、下分（阶）三部分，并以梁的长度来决定其他部位和构件的尺寸；另外，把台阶分为峻、平、慢三等，以抬轿时使轿杆前后保持水平为准则。

李诫，字明仲，郑州管城县人。关于他的生卒年份，有不同说法，一种说法是他活了 40 岁左右，那么应当是神宗（1068—1085 年在位）时期出生（1070 年左右）；另一种说法是他出生于 1035 年，在哲宗（1086—1100 年在位）和徽宗（1101—1125 年在位）时期任职。他的去世时间则较为准确，即徽宗大观四年（1110 年）。

李诫与喻皓不同：后者出身低微，前者则是名门之后（曾祖、祖父、父亲均官至尚书以上）；后者自学成材，前者则接受了良好家教（"博学多艺能，精通小学，工篆籀草隶，善画，得古人笔法。家藏书数万卷，手抄者数十卷"）；后者始终是个民间匠人，前者一生中官职被提升 16 次（一般官员最多 6 次）。然而二者的共同点是对营造的高度敬业精神，在完成本职工作之外，还专心研究，汇集实践经验，作出理论总结。

李诫在哲宗元丰八年（1086 年）任曹州济阴县尉，这是一个盗贼横行的地区，他到任后判罪数十名贼人，县里因此太平，他也被迁升为承务郎。然而他的才能主要显示在营造方面，先后建造了五王府、辟雍、尚书省、龙德宫、棣华宅、朱雀门、景龙门、九城殿、开封府廨、太庙、钦慈太后佛寺等，官职也从承务郎提升为将作监主簿、将作监丞、将作少监直至中散大夫凡十六等。他在将作 8 年，"其考工庀事，必究利害，坚窳之制，堂构之方，与绳墨之运，皆已了然于心"，这就为他编撰《营造法式》打下了基础。

据《哲匠录》记载：《营造法式》是"熙宁（1068—1077 年）中敕将作监官编修是书，至元祐六年（1091 年）而毕"。哲宗以所修之本只是为了计算用料，并且很僵硬，没有变通可能，当具体营造时，因为工程位置不同，就无法使用，徒为空文。绍圣四年（1097 年），命李诫别加撰辑，李诫"乃考究群书，并询匠工，以增补之而分别其类别，至元符三年（1100 年）而书大成，奏上之，（于徽宗）崇宁二年（1103 年），镂版颁行"。看来，哲宗皇帝确实有些批判能力，能发现初稿缺乏可操作性而下令修改，这是颇为难得的。

第一章 凝固的音乐——建筑

关于《营造法式》的编制目的和年代,有不同的说法。有的文献指出,《营造法式》的编撰与防止贪污浪费有关:"编书的目的主要是制订一套建筑工程的制度、规范,作为朝廷指令性的法典,用以'官防用料',防止工程管理人员的贪污和物料的浪费。"

实际上,《营造法式》的意义超越了"反贪污浪费",梁思成先生把它称为一部"文法书"。

幸运的是,中国历史上两个曾经进行过重大建筑活动的时代曾有两部重要的书籍传世:宋代(960—1280年)的《营造法式》和清代(1644—1912年)的《工程做法则例》。我们可以把它们称之为中国建筑的两部"文法书"。它们都是官府颁发的工程规范,因而对于研究中国建筑的技术来说,是极为重要的。今天,我们之所以能够理解各种建筑术语,并在对不同时代的建筑进行比较研究时有所依据,都因为有了这两部书。

《营造法式》是宋徽宗(1101—1125年)在位时朝廷中主管营造事务的将作监李诫编撰的。全书共三十四卷,其中十三卷是关于基础、城寨、石作及雕饰,以及大木作(即木构架、柱、梁、枋、额、斗拱、槫、椽等)、小木作(即门、窗、隔扇、屏风、平棊、佛龛等)、砖瓦作(即砖瓦及瓦饰的官式等级及其用法)和彩画作(即彩画的官式等级和图样)的;其余各卷是各类术语的释义及估算各种工、料的数据。全书最后四卷是各类木作、石作和彩画的图样。

李诫生平还有其他著作,包括《续山海经》十卷、《续同姓名录》二卷、《琵琶录》三卷、《马经》三卷、《古篆说文》十卷、《六博经》三卷、《新集木书》一卷等(只有《营造法式》传世),可见他是一位兴趣和知识面极广的文人知识分子。

明代造园师

明代住宅发展的一个显著特征是私家园林的增多,由此引起了民间造园师(也有称叠石师者)队伍的涌现。下面介绍两位杰出的造园师。

计成(1582—1642年),字无否,号否道人,苏州吴江人,明末造园家。少年时他即以善画山水而知名,属写实画派,并喜好游历风景名胜,到过北京、湖广等地。中年回到江南,定居镇江,专事造园。明天启三至四年

苏州园林美景

（1623—1624年），应常州吴玄聘请，营造了一处面积约为五亩的园林，是他的成名之作。代表作还有明崇祯五年（1632年）在仪征县为汪士衡修建的"寤园"、在南京为阮大铖修建的"石巢园"、在扬州为郑元勋改建的"影园"等。他根据自己丰富的实践经验并整理了在修建吴氏园和汪氏园时所作的部分图纸，写成《园冶》一书，被誉为世界造园学最早的理论名著。

《园冶》一书在明毅宗崇祯四年（1631年）成稿，七年（1634年）刊行。本书全面论述宅园、别墅营建的原理和具体手法，反映了中国古代造园的成就，总结了造园经验，是研究中国古代园林的重要著作。其内容包括兴造论和园说两篇。园说下分相地、立基、屋宇、装折、门窗、墙垣、铺地、掇山、选石、借景十部分。全书共三卷，附图235幅。其主要出发点是强调"三分匠，七分主人"（这里的主人主要不是指园主，而是主持设计的园林师）。他的创作思想提倡"虽由人作，宛自天开"，要求人造园林具有自然品质；同时又强调"造园无格"，"巧于因借，精在体宜"。

张涟（1587—1673年），字南垣，浙江秀水人，明末清初江南著名造园叠山匠师。原籍江苏华亭，生于明万历十五年（1587年）。他少年学画于云间,"好写人像,兼通山水,遂以其意垒石诶假山"。晚岁徙居嘉兴,毕生从事叠山造园。他提倡"堆筑'曲岸回沙'、'平岗小坂'、'陵阜陂陀'","然后错之以石,缭以短垣,翳以密条",从而创造出一种幻觉,仿佛园墙之外还有"奇峰绝嶂",使人们看到的园内叠山好像是处于大山脚下,而"截溪断谷,私次数石者,为吾有也"。这种主张以截取大山一角而让人联想大山整体形象的做法,开创了叠山艺术的一个新流派。当时江南许多大家名园,像横云、预园、乐郊、拂水、竹亭等园多出其手。据说他每到一工地,先环视堆放的乱石,"默识于心",然后在与客人谈笑中指挥叠石,可凭记忆说出"某树下某石置于某处"。他的四个儿子(以次子张然最有名)和侄子张拭继承他的事业,他被人称为"山石张"。

清代私家园林的造园师

在名师们的创意之下,清代园林艺术达到了较高的境界,成为可与诗、画并列的艺术。当然,与此同时,也出现了陈从周先生所说的"互相攀比用料"等庸俗之风。一些知名的造园师成为富家高价寻求的对象,其中突出的有:

李渔(1611—1680年),原名仙侣,号天征,后改名渔,字笠翁,一字笠鸿、谪凡。明末清初戏剧家,兼工造园。他出生于江苏如皋的商人家庭,父亲李如松经营药材,祖籍浙江兰溪,从商后迁至如皋。他从小喜爱读书,又培养了一种叛逆性格,参加科举考试失败后又强化了这种性格。1644年明亡后暂居家乡伊山别业。1649年迁居杭州,混迹市井生活,开始写作,先后著有《无声戏》两集,销路甚好,于是迸发了写戏剧与小说的热情。这时朝廷开始兴文字狱,李渔举家迁南京,自办书店"翼圣堂"。以后就游山玩水、吃喝玩乐,曾在北京弓弦

景色优美的苏州网师园

胡同筑半亩园,"叠山垒土而为山,阙地导泉而为池,池中水亭,双桥通之。平台曲室,澳如旷如";还自营别业,称伊园;晚年又自筑芥子园。公元1680年在杭州层园去世。他的著作中具有学术价值的有《闲情偶寄》,又名《一家言》,在此书的"居室部"和"器玩部"中,对园林借景、装修、家具、山石等都有精辟的论述,"于设计布置,别具心裁",是继《园冶》之后的又一部重要著述。

戈裕良(1764—1830年),字立山,出生于江苏武进县城东门。祖辈务农,家境困难,父亲以种树垒石为生。他从小随父兄学习,父亲去世后就外出为人垒石造园,好钻研,自成风格,主张假山"要如真山洞壑一般,方为能事"。他能吸取泰山、华山、衡山、雁荡山诸山的精华,并创造一种"钩带法",使自己所累假山逼肖真山,并可"千年不坏",于是声名大振。其作品有苏州虎丘的一榭园,扬州小盘谷;常州西圃,如皋文园、绿净园;苏州环秀山庄,南京五松园、五亩园,仪征朴园,常熟燕谷园等。其中苏州环秀山庄,被列入联合国教科文组织的世界文化遗产名录。他1830年死于常州,有人将他与张涟并提,称为"三百年来两轶群"。

还有一些清代著名的私家园林精品没有留下造园师的姓名,苏州网师园即其中之一。它是清乾隆年间,由宋鲁儒(字宗元,又字悫庭)购置宋万卷堂故址修建,"网师"二字与巷名王思谐音。以后虽几易其手(叶恭绰、张大千等均住过),但基本格局未变。它占地面积不大(0.4公顷,主景水池只有400平方米),楼阁密集,却通过精心布局,使山水园林富有特色。陈从周先生对它有高度的评价:苏州诸园,此园构思最佳,盖园小"邻虚",顿扩空间,"透"字之妙用,于此得之。轩前面东为假山,与其西曲廊相对。西南隅有水一泓,名"涵碧",清澈醒人,与中部大池有脉可通,存"水贵有源"之意。泉上构亭,名"冷泉"。南略置峰石为殿春簃对景。余地以"花街"铺地,极平洁,与中部之利用水池,同一原则。以整片出之,成水陆对比,前者以石点水,后者以水点石;其与总体之利用建筑与山石行之对比,相互变换者,如歌家之巧运新腔,不袭旧调。

网师园清新而有韵味,以文学作品拟之,正如北宋晏几道《小山词》之"淡语皆有味,浅语皆有致",建筑无多,山石有限,其奴役风月,左右游人,若非造园家"匠心"独到,不克臻此。足证园林非"土木"、"绿化"之事,故称"构园"。王国维《人间词话》指出"境界"二字,园以有"境界"为

第一章 凝固的音乐——建筑

上，网师园差堪似之。

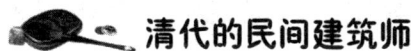 清代的民间建筑师

与造园师比较，清代的民间建筑师很多都默默无闻，我们今天能知道的有：

姚承祖（1866—1938 年），字汉亭，别字补云，又号养性居士。据陈从周先生称，他原籍安徽，为船民，太平天国时定居苏州香山。11 岁从其叔父姚开盛习木匠。他祖父姚璨庭著有《梓业遗书》五卷。其他资料称，他 16 岁辍学当木工，一生设计营造的建筑不下千幢，代表作有苏州怡园的藕香榭、木渎镇的严家花园、光福香雪海的梅花亭、木渎灵岩山的大雄宝殿等。1912 年建立苏州鲁班协会，并当选会长。姚承祖热心于公众福利事业，在家乡开办了墅峰小学，在苏州玄妙观东角门开办了梓义小学。凡是建筑工人子弟，一律免费入学，后应苏州工业专科学校校长之请，到苏州工专教书。晚年根据家藏秘籍和图册以及在苏州工专所编的讲稿，编撰《营造法原》一书（由他的学生张志刚编辑，中国建筑工业出版社 1959 年出版），被誉为"中国南方建筑之宝典"，他本人被称为继香山帮鼻祖蒯祥之后的又一位建筑大师。

黎巨川，清末广州民间建筑师，曾开设瑞昌店，承接营造业务。他留下的最有名的建筑是广州陈氏书院（俗称陈家祠）。陈氏书院虽名为"书院"，实际上是广东各县陈姓家族的共用祠堂（据说当时清廷禁止跨县的祠堂建造，故用"书院"之名）。光绪十四年（1888 年）筹建，光绪二十年（1894 年）建成，主体建筑由大小 19 座建筑组成，规模宏大。其特色是用了大量当地艺人制作的砖雕、石雕、木雕、陶塑和灰塑以及壁画、铜铁铸等工艺品，刻画了人物、图案、禽兽、山水、楼台亭阁，组合在一个个屋脊上，显示了一幅幅热闹的城镇市井集会风貌，琳琅满目，具有浓厚的地域特色，是岭南建筑的杰出典型。可惜文献中对建筑师的生平介绍很少，致使我们对他本人缺乏了解。

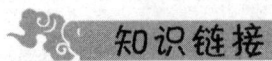

"蒯鲁班"蒯祥

明永乐十五年（1417年），明成祖从金陵北迁时，征召全国各地工匠，前往北京继续大兴土木。蒯祥作为明成祖的随从人员，先期北上，参加皇宫建筑设计。由于蒯祥的设计水平高人一等，被任命为皇宫重大工程的设计师。他的第一项任务就是负责设计和组织施工作为宫廷正门的承天门（即今之天安门）。这项工程在蒯祥运筹下于永乐十九年（1421年）竣工，其城楼形状与今日大致相仿，但规模较小，这就是最早的天安门，原名"承天门"；建成之后，受到文武百官称赞，永乐皇帝龙颜大悦，称他为"蒯鲁班"。成化十七年（1481年）三月，蒯祥在北京病逝。皇帝闻讯后，派人致哀，赠蒯祥祖父、父亲为侍郎，荫封两子，一为锦衣千户，一为国子监生，并将蒯祥当年的居住处、营造业的工匠都聚集的那条巷命名为"蒯侍郎胡同"。

古代帝都建筑

　　都城,现代称首都,古代称都城、国都、京、京城、京师、京都等,是一个国家最高权力机关的所在地。我国还有许多城市,历史上也曾做过某一个或几个王朝或某一地区政权的都城。此外,也还有许多昔日繁华一时、声名赫赫的都城,早已沦为废墟,或化为农田,或湮没在荒草荆棘丛中。尽管如此,每个古都,不管是前者还是后者,在中国历史上都曾发挥过自己的作用。在本章里,将再现古代帝都风貌,给你一种全新的体会,让你从这里感受我国古代灿烂的物质文明和精神文明。

第一节
历代帝王宫殿

商代二里头宫殿

在河南省偃师县二里头村,是二里头文化的典型遗址,年代约为公元前1900年至公元前1500年。在二里头遗址发现了迄今所知中国最早的宫殿建筑基址,反映了早期封闭式庭院的面貌。

这座宫殿宗庙遗址,坐落在二里头遗址的中部,面积约1万平方米,坐北向南,下面有台基,台基上面是由一个单体的殿堂、廊庑和门庭等单体建筑所组成的建筑群。中部偏北是殿堂,堂前是平坦而宽阔的庭院,南面有敞阔的大门,四周有彼此相连的廊庑。院南沿正中有面阔八间的大门一座,在东北部折进的东廊中间又有门址一处。庭院北部有一座殿堂,坐北朝南。遗址未发现瓦件,屋顶覆盖茅草。《考工记》和《韩非子》都记载先商宫殿是"茅茨土阶",殿顶是"四阿重顶"(后世称为"庑殿顶"),这一直是中国建筑最尊贵的屋顶形式。

二里头遗址

秦咸阳宫、阿房宫

1. 咸阳宫

位于今咸阳市东,当初秦都咸阳城的北部阶地上。公元前350年秦孝公迁都咸阳,开始营建宫室,至秦昭王时,咸阳宫已建成。在秦始皇统一六国过程中,该宫又经扩建。据记载,该宫"因北陵营殿",为秦始皇执政"听事"之所在。秦末项羽入咸阳,屠城纵火,咸阳宫夷为废墟。这是一座以多层夯土高台为基础、凭台重叠高起的楼阁建筑。其台顶中部是两层楼堂构成的主体宫室,四周有上下不同层次的较小宫室,底层建筑周围有回廊环绕。整座建筑借助夯土台,采用簇拥组合,结构紧凑,布局高下错落,主次分明,在使用和外观上均有较好效果。

2. 阿房宫

据《史记·秦始皇本纪》记载,秦始皇三十五年(公元前212年),秦始皇认为都城咸阳人太多,而先王的皇宫又小,下令在故周都城丰、镐之间渭河以南的皇家园林上林苑中,仿集天下的建筑之精英灵秀,营造一座新朝宫。这座朝宫便是后来被称为阿房宫的著名宫殿。依据当代现有考古证据,阿房宫并未建成。唐人杜牧在《阿房宫赋》中描写为"复压三百余里,隔离天日"的秦阿房宫是一处规模宏大的宫殿建筑群,也是我国历史上规模最宏大的建筑之一。根据勘探发掘确定,仅阿房宫前殿遗址夯土台基东西长1270米,南北宽426米,现存最大高度12米,夯土面积541020平方米,是迄今所知中国乃至世界古代历史上规模最宏大的夯土基址。据考古专家推算,阿房宫前殿遗址的面积规模与史书记载的"东西长500步,高达数十仞,殿内举行宴飨活动可坐万人"所描写的基本一致。

唐长安大明宫

大明宫位于长安城外东北的龙首原上,始建于唐太宗贞观八年(634

年），经唐高宗等陆续扩建修治，成为唐代主要的朝会之所。自高宗以后，除玄宗主要在兴庆宫活动外，都常居于此。

大明宫平面呈南宽北窄的不规则梯形。宫城周长 7628 米，总面积约 3.27 平方公里，相当于太极宫的 1.7 倍。

大明宫大部分已经过发掘，已探得亭殿遗址 30 余处。宫城轴线南端，依次坐落着外朝含元殿、中朝宣政殿和内朝紫宸殿。含元殿两翼，伸出翔鸾、栖凤两阁。有三道东西向的横墙，分隔于含元殿前方、含元殿两侧和宣政殿两侧。三道横墙均开左右对称的二门，形成前后贯通的两条纵街。相距约 600 米的两街之间，对称地分布着门座庑廊，簇拥着含元、宣政、紫宸三殿。

紫宸殿后部是皇帝后妃居住的内廷。宫的北部地势低洼，开辟了以太液池为中心的园林区，池中有蓬莱山，沿池岸有蓬莱、珠镜、郁仪等殿。池西高地上建有一组大型建筑——麟德殿，是唐代皇帝饮宴群臣、观看杂技、舞乐和作佛事的地方。

据发掘，大明宫宫墙用夯土筑成，只有宫门、宫墙转角等处表面砌砖。宫城的东、北、西三面建有夹城。宫城四面均有门。南面正门为三个门道的丹凤门。北面正门为玄武门、重玄门，并设有内重门、外重门，反映出大明宫森严的戒卫。

含元殿、麟德殿、玄武门、重玄门均已发掘，并有专家做过复原研究，从这些建筑可以看出大明宫组群所反映的恢宏气势和初唐风貌。

 1. 大明宫含元殿（傅熹年复原）

含元殿是大明宫中轴线上第一殿，是举行元旦、冬至、大朝会、阅兵、受俘、上尊号等重要仪式的场所。始建于唐高宗龙朔二年（661 年），建成于龙朔三年四月。

含元殿遗址在龙首岗的南缘，南距丹凤山 610 米，殿前空间广阔、深远。基址高出平地 15.6 米，雄踞于全城之上，"终南如指掌，坊市俯而可窥"。含元殿在大明宫内所处的位置，相当于太极宫的承天门，其作为大朝会的功能性质也相同。按说这里应该建门，但因龙首岗地势的高起，不适于建门，因地制宜地由门改殿，并由此开创了外朝三殿相重的布置方式，对后来的宫殿制度产生了深远影响。

复原的含元殿，殿下墩台由铲削龙首岗南缘加局部夯土补齐，形成凹形突出岗外的大墩台。台南面壁立，高10.8米。东西侧与宫内横墙衔接，北面平连岗体。整组殿、阁、飞廊的台基都夯筑在这个凹形墩台上。墩台周边砌砖并加红粉刷，台顶边缘环砌带螭首的石栏杆。

2. 大明宫麟德殿

麟德殿位于大明宫太液池西部隆起的高地上，是宫内一处规模庞大的宴乐场所，赐宴群臣，观赏伎乐、百戏，观看马球、角抵，接见蕃臣、命妇，以至佛法道事等都在这里进行。乾封元年（666年）唐高宗已在这里宴会群臣，推测这组建筑当建于初唐麟德年间（664—665年）。

麟德殿遗址已经过发掘，从复原图上可以看出，这是一组前后殿阁相连，两翼楼亭连接的宫殿组合体。南北主轴上串联着前、中、后三殿。前殿面阔11间，进深4间，前檐出前轩，两尽间以版筑填实，上冠以四阿顶，是整组建筑的正殿。中殿底层隔一廊道与前殿相连，进深5间，面阔与前殿相同，两尽间同样以版筑填实，内部以两道隔墙分成三个空间。此处空间较幽暗，当是联系前后殿和上下层的穿堂空间。后殿进深6间，其中南向4列，面阔11间，两端尽间各以版筑填实3间，各留1间耳房，分别作为浴、厕。北向2列，面阔9间，东、西、北三面均为便于采光的木质隔断围护，后殿内部分隔成并列的三个面阔各3间、进深各6间的厅堂，当是文献提到的障日阁的所在。中、后殿的上层，复原出面阔11间、进深9间的楼上厅堂，这里可能就是文献所提到的面积宽大的景云阁。主轴线的两侧，对称地耸立着郁仪楼、结邻楼和东亭、西亭，它们都是坐落在高台之上的亭、楼，以架空的飞阁（天桥）与景云阁连接。两座楼台还另设斜廊式的登楼阶道，东楼阶道在南面，西楼阶道在北面，这种不对称的处理当是为了通往南北院庭的便捷联系。

这组建筑的进深达17间，底层面积估计达5000平方米，相当于明清太和殿面积的3倍，是中国古代最大的殿堂。三殿串联、楼台簇拥、高低错落的组合形象，是从早期聚合型的台榭建筑向后期离散型的殿庭建筑演变的一种中介形态。

大明宫麟德殿遗址

殿身平面近似《营造法式》中的"双槽副阶周匝",内槽两排柱,共20柱;外槽前檐12柱,北、东、西三面为厚2.35米的承重墙。身内面阔11间,加副阶共13间,深29.2米;面积为1966.04平方米,与明清北京紫禁城太和殿的面积相近。

殿单层,上覆四阿顶,加副阶周匝,呈重檐庑殿形象。遗址出土有黑色陶瓦(即青棍瓦)和少量绿琉璃瓦片。屋顶复原为黑瓦顶、带绿琉璃脊和檐口"剪边"。

殿基墩台前方有登台的慢道遗址,是长约70余米的3条平行阶道,中道宽25.5米,两侧道各宽4.5米,各道间距约8米。这种"若龙垂尾然"的阶道,通称"龙尾道"。复原的龙尾道,采用七段平坡相间的做法,起坡缓和而有节奏。阶道用砖壁加红粉刷,边镶石栏杆,与墩台浑然一体。

殿基东西两侧各有向外延伸并向南折出的廊道遗址,与殿前左右对称的翔鸾阁、栖凤阁基址相连。"左翔鸾而右栖凤,翘两阙以为翼",两阁复原为歇山顶的三重阙式,高高的阁基昂立于凹形外突的墩台上,通过飞廊与大殿联结。

含元殿的整组建筑,尺度巨大,气势恢宏,威壮而不压抑,雄浑而不森严,充分表现出大唐盛世的精神风貌和进入体系成熟期的中国建筑的雄姿。

宋金元宫殿

1. 北宋汴梁宫殿

北宋东京汴梁宫城是在唐汴州衙城基础上,仿洛阳宫殿改建的。宫城由东、西华门横街划分为南北二部。南部中轴线上建大朝大庆殿,其后北部建日朝紫宸殿。又在西侧并列一南北轴线,南部为带日朝性质的文德殿,北部为带常朝性质的垂拱殿。紫宸殿在大庆殿后部,而轴线偏西不能对中,整体布局不够严密。但各组正殿均采用工字殿,是一种创新,对金、元宫殿有深远影响。

汴梁宫城正门宣德门,墩台平面呈倒凹字形,上部由正面门楼、斜廊和两翼朵楼、穿廊、阙楼组成。从宋赵佶所绘《瑞鹤图》上,可以见到宣德门正楼为单檐庑殿顶,朵楼为单檐歇山顶的形象。宣德门前有宽200余步的御街,两旁有御廊,路心列杈子,辟御沟,满植桃李莲荷,显现出颇有特色的宫前广场。

2. 金中都宫殿

金中都大内宫殿是仿汴梁宫殿建造的。它纠正了汴宫的轴线错位，正宫大安殿与后宫仁政殿已在中轴线上对齐。大安殿前东西庑建广祐楼、弘福楼，仁政殿前东西庑建鼓楼、钟楼，开启了宫殿东西庑建楼的先例。宫城正门应天门与汴梁宣德门一样为倒凹形、带"曲尺垛楼"的阙门。门前的宫廷广场，御街宽阔，也分为三道，设有朱栏、御沟，植有柳树。两侧200余间长廊，在应天门前分别转向东西，可知宫前广场已演进为丁字形。中都宫殿刻意追求宏丽，大安殿和应天门均面阔11间。文献说它"运一木之费至二千万，牵一车之力至五百人。宫殿之饰偏傅黄金……一殿之费以亿万计。成而复毁，务极华丽"。

3. 元大都大内宫殿

元大都大内宫殿（即宫城）在皇城东部，居大城中轴线上。其规模与明清北京紫禁城相当，而位置略偏后。宫城辟南、北、东、西四门。由东、西华门横分宫城为前后两部分，中轴线上各置一组以工字殿为主体的宫院。前宫以大明殿为主殿，后宫以延春阁为主殿。主殿后部通过柱廊连接寝殿。寝殿左右带挟屋，后出龟头屋香阁。工字殿下承三重工字形大台基。前后宫院东西庑均建钟楼、鼓楼。除前宫以殿为主殿，后宫以阁为主殿的差别外，两组宫院形制大体相同，后宫宫院规模仅略小于前宫，反映出元代"帝后并尊"的特点。

元大都的宫前广场承继金中都的丁字形，但位置从宫城正门崇天门移到皇城正门灵星门前，并在灵星门与崇天门之间设置第二道广场，由此加强了宫禁的森严，也强化了宫前纵深

元大都遗址

空间的层次和威严,为明清北京的宫前广场奠定了初型。

元大都宫殿上承宋、金,下启明、清,是中国宫殿建筑形制发展的一个重要环节。

 明清紫禁城

北京紫禁城是明清两朝的宫城,即现在的北京故宫。明永乐十五年(1417年)始建,永乐十八年(1420年)建成。北京故宫是以明南京宫殿为蓝本而建造,"规制悉如南京,而高敞壮丽过之"。现有建筑经过多番重建、增建,但总体上仍保持明代的基本格局。

紫禁城位处北京内城中心,南北长961米,东西宽753米,占地72万平方米;城墙高10米,四周环绕宽52米、护城河深6米;每面辟一门,南面正门为午门,北面后门为神武门(明称玄武门),东西两侧为东华门、西华门;城墙四角各有一座角楼。角楼采用曲尺形平面,上覆三重檐歇山十字脊折角组合屋顶,以丰美多姿的形象,与紫禁城墙的浑厚庄严形成强烈的对比。紫禁城建筑大体分为外朝、内廷两大区。外朝在前,是举行典礼、处理朝政、颁布政令、召见大臣、进讲经筵的场所,以居于主轴的太和、中和、保和三大殿为主体,东西两侧对称地布置文华殿、武英殿两组建筑,作为三大殿的左辅右弼。内廷在后,是皇帝及其家族居住的"寝",分中、东、西三路。中路沿主轴线布置正宫,依次建乾清宫、交泰殿、坤宁宫,通称"后三宫",再其后为御花园。东西两路对称地布置东六宫、西六宫作为嫔妃住所。东西六宫的后部,对称地安排乾东五所和乾西五所共十组三进院,原规划用作皇子居所。东六宫前方建奉先殿(设在宫内的皇帝家庙)、斋宫(皇帝祭天祀地前的斋戒之所)。西六宫前方建养心殿。从雍正年间开始,养心殿成为皇帝的住寝和日常理政的场所。西路以西,建有慈宁宫、寿安宫、寿康宫和慈宁宫花园、建福宫花园、英华殿佛堂等,供太后、太妃起居、礼佛,这些建筑构成了内廷的外西路。东路以东,在乾隆年间扩建了一组宁寿宫,作为乾隆归政后的太上皇宫。这组建筑由宫墙围合成完整的独立组群,它的布局仿照前朝、内廷模式,分为前后两部。前部以皇极殿、宁寿宫为主体,前方有九龙壁、皇极门、宁寿门铺垫。后部也像内廷那样分为中、东、西三路:中路设养性殿、乐寿堂、颐和轩等供起居的殿室;东路设畅观阁戏楼、庆寿堂四进院和景福宫;西路是宁寿宫花园,俗称乾隆花园。这组

相对独立的"宫中宫",构成了内廷的外东路。在它的南面还安排了三组并列的三进院,是供皇子居住的南三所。除这些主要殿屋外,紫禁城内还散布着一系列值房、朝房、库房、膳房等辅助性建筑,共同组成这座规模庞大、功能齐备、布局井然、气势恢宏的宫城。

养心殿内部结构

在设计意匠上,紫禁城突出地创造了一条贯穿南北的纵深主轴。这条主轴线与都城北京的主轴线重合在一起。宫城轴线大大强化了都城轴线的分量,并构成都城轴线的主体;都城轴线反过来也大大突显了宫城的显赫,成为宫城轴线的延伸和烘托。紫禁城的轴线前方起点往前可以推到大清门,后方终点向后延伸至景山。在这条主轴线上,紫禁城以午门门庭、太和门门庭、太和殿殿庭、乾清门门庭、乾清宫殿庭和太和、中和、保和三大殿建筑及乾清、交泰、坤宁后三宫建筑,组成了严谨、庄重、脉络清晰、主次分明、高低起伏、纵横交织的空间序列,把整座帝王宫殿无与伦比的磅礴气势发挥到极致。

北京紫禁城是中国封建王朝最后一座宫城,它以高度程式化的定型建筑单体,通过匠心独运的布局规划,充分满足了皇家复杂的功能要求。森严的门禁戒卫,繁缛的礼制规范,严密的等级制度和一整套阴阳五行、风水八卦文化相互交融,充分体现了帝王至尊、江山永固的主题思想,这一巍峨壮观、富丽堂皇的组群空间和建筑形象,堪称中国古代大型组群布局的典范作品。

沈阳故宫

我国保留下来的古代宫殿建筑除北京紫禁城外,还有一座沈阳故宫,这是清朝在没有入关以前在辽宁沈阳建造的宫殿。清太祖努尔哈赤原来是东北女真族(满族)的首领,他在兼并各部落取得统治权建立后金王国后,将百姓统统组织在八旗之下。八个旗的首领皆由他本人和他的兄弟、儿子、侄子担任,战时统率作战,平时管理户籍、田税、徭役等事,所以旗是努尔哈赤政权的组织形式,旗王成了他政治上的主要辅臣,每遇大事,都要在王殿前

沈阳故宫古建筑

面支起八座帐幕，分列两侧，召集八旗诸王和大臣共议国事。

公元1622年，努尔哈赤迁都至沈阳，立即建造了宫殿，这就是如今沈阳故宫的东路。东路建筑以居中的大政殿为主殿，这是举行国家大典的殿堂；殿的前面保持了八旗帐幕的形式，建立了十座王亭，除北端的两翼王亭外，其余八座按八旗的序列呈八字形分列左右，这里是召集八旗王商议国事的地方。这样的布局在古代宫殿建筑中尚未见过，实际上是这个时期统治阶级政治要求在建筑上的体现。努尔哈赤死后，他的儿子皇太极继位，改国号为清，加强了中央集权，削弱了八旗王的势力，使十王亭失去了原来的作用。

皇太极还在大政殿的西面另建了一组以崇政殿为主的宫殿建筑，这就是沈阳故宫的中路。中路南面的大清门是故宫正门，进门经过御道直到崇政殿。崇政殿是皇太极处理国事的主要殿堂，凡朝会、接见使臣、重要宴会都在这里举行。它的后面清宁宫是故宫的寝殿，建在一座3米多高的台地上，前有凤凰楼作为这组后宫建筑的入口，上到高台后建有五座宫殿供皇帝、皇后和嫔妃们居住。沈阳故宫的西路部分是乾隆皇帝于公元1781年北巡沈阳时增建的建筑群，包括有戏台和存放《四库全书》的文溯阁。

从总体看，沈阳故宫的东路和中路代表了清朝早期在入关前的建筑形式，它们与明朝宫殿建筑相比较，有哪些特点呢？

第一，从建筑的总体布局看，沈阳故宫既继承了汉族宫殿的传统，又表现了女真族的特点。无论是东路还是中路的建筑都是按照中轴对称的形式来布置的。东路大政殿居中，十座王亭左右对称地分列在前面；中路的大清门、崇政殿、凤凰楼、清宁宫等主要殿堂均安置在中轴线上，两边各有配殿布置组成前后几个院落；宫殿还是前朝后寝的格局；这些都是汉族传统的形式。但是东路十王亭的设置本身却表现了女真族后金国的传统。中路的后寝部分建在高台上，形成前殿低、后宫高的格局，与明朝紫禁城前朝三大殿高居于高台基之上，内廷后三宫低于前朝的布置恰好相反。这种宫高殿低的形式与

第二章 古代帝都建筑

女真人的生活习惯有关,女真族长期生活在长白山区,习惯居住在高台地,努尔哈赤建立后金国后曾经在新宾、辽阳等地建造宫室,这些建筑也大都建造在高地之上,或者在山地上加筑高台,在高台上再建宫室,这种习惯也自然地被带到沈阳故宫。

  第二,在建筑形式上,沈阳故宫还没有完全掌握明朝已经形成的宫殿建筑的传统式样。北京紫禁城的太和殿、乾清宫用的是最高等级的重檐庑殿式屋顶,保和殿、太和门用的是重檐歇山式屋顶,其他建筑也分别按不同的等级而采用不同的屋顶形式,在建筑构造上反映出一整套严格的古代等级制度。但是在沈阳故宫,最主要的大政殿却用了八角形重檐攒尖式屋顶,崇政殿只用了最一般的硬山式屋顶,从建筑风格上就没有反映出这些建筑的地位,而只有靠装饰来显示建筑的重要性了。例如在崇政殿内设置了一座讲究的宝座,宝座下有木台,座上加设了有顶的凉亭,称为堂陛,堂陛的梁枋、御座和屏风上都布满了木雕装饰。殿内顶上虽然没有做天花,但在梁枋上也都绘满了彩画,使简单的硬山顶的崇政殿内依然显得十分华丽。

  第三,在建筑装饰上,沈阳故宫既沿用了汉族建筑的传统装饰,又可以看到满族、蒙古族地区特有的一些形式。龙作为皇帝的象征,也被沈阳故宫广泛地采用,大政殿的正面檐柱上特别做了金龙盘绕柱身,龙头探出,左右相对,在中间的枋子上安了一颗带火焰纹的宝珠组成一幅立体的二龙戏珠图案。大政殿内的藻井中央也有满涂金色的木雕龙。在崇政殿和大清门的檐廊内,连接内外柱子的短梁完全做成了一条龙的形式,龙头和龙爪伸出在外檐柱子的外面,龙身插入内柱,有的还将龙尾伸入到室内,形象十分生动,这种式样和风格在汉族官式建筑中是很少见的。琉璃很早就成为宫殿建筑的装饰材料,努尔哈赤和皇太极在建造沈阳故宫时,因为附近有海城烧琉璃的基地,所以,大量地使用琉璃构件来进行装饰。主要宫殿的屋顶用黄琉璃瓦,有的在四周加用了绿琉璃瓦做边;在硬山屋顶的崇政殿上,除了全部用琉璃瓦顶外,还在左右两头墙面的博风板和正面墙头上全部用琉璃装饰,几条屋脊和博风板上满布着琉璃的龙,一条接着一条,每条龙的龙头前还有一颗宝珠,龙是蓝色的,中间还有绿色的水浪,在黄色的底子上,色彩十分鲜艳,在屋顶上组成了一条艳丽夺目的彩带,极大地加强了这座宫殿建筑的表现力。

  从沈阳故宫的规划布局、建筑形式和建筑装饰几方面都可以看到清朝早期建筑的一些特点,一方面反映了本民族原来的政治状况和生活习惯,同时

也采纳、沿用了汉民族的传统形式和技法。它说明清太祖和清太宗在建造清皇宫的过程中十分注意吸收各民族较为先进的技艺，注意招募各民族的工匠艺人，使沈阳故宫的建筑具有多民族文化相互融合的特点。

 知识链接

咸阳宫

咸阳宫是中国秦代宫殿。位于今陕西咸阳市东，当初秦都咸阳城的北部阶地上。公元前350年秦孝公迁都咸阳，开始营建宫室，至迟到秦昭王时，咸阳宫已建成。在秦始皇统一六国过程中，该宫又经扩建。据记载，该宫"因北陵营殿"，为秦始皇执政"听事"的所在。秦末项羽入咸阳，屠城纵火，咸阳宫夷为废墟。

第二节 防御建筑

北京城箭楼

旧时的城门一般设有瓮城，瓮城的外围城墙上设箭楼，瓮城的内环城门上设城楼。箭楼是城池防御的重要建筑。

第二章 古代帝都建筑

庆幸的是到目前为止,我们依然有幸能一睹箭楼的风采。在北京还尚存两座箭楼:正阳门箭楼和德胜门箭楼。

前门箭楼始建于明代正统四年(1439年),是正阳门原有瓮城上的城楼,它是北京原有箭楼中最高的,通高38米。上部的主体部分为高四层的木构建筑,平面呈"凸"字形,也就是前带抱厦的形式。抱厦面阔五开间,楼体面阔七开间。在楼体的三层与四层之间有一层腰檐,正与前部凸出的抱厦楼檐相连。楼体顶部为单檐歇山式,上面覆盖着与腰檐、抱厦相同的灰色筒瓦,带绿剪边。山花部分为朱红色,檐下是层层堆叠的朵朵斗拱,斗拱下额枋上绘有简单的青绿色彩画。腰檐和前凸的抱厦部分楼檐下,则没有如云的斗拱和清晰的彩画。

箭楼墙体全部为灰砖砌筑,墙体上除前部外,东、西、南三面均开有方形箭窗,共有94个,便于防御。每面每层方形箭窗上部,都有贯穿左右的、漆成朱红色的过梁,在色彩上与山花部分相呼应。整座箭楼坐落在高高的城墙上,气势挺拔雄伟。

完整留存到今天的箭楼实在不容易。清代乾隆四十五年(1780年)、道

北京城箭楼

光二十九年（1849年）时，前门箭楼均曾被烧毁，但不久即被修复。清末八国联军入侵北京后不久，箭楼再次被焚毁，于1906年按原制修复。

1914年，正阳门瓮城被拆除，同时对箭楼进行了改建，不过楼的整体并没有大的改变，主要是在楼体与城墙之间增建了平座及洁白的护栏，并在部分箭窗上部增设了漂亮的弧形遮檐，给肃穆庄严的箭楼增添了一丝活跃优美的气息。

前门箭楼与正阳门城楼南北相对，共同矗立在北京城的中轴线上。楼下墙体正中均辟有一个拱券门洞。不过箭楼对比城楼来说，更为敦实素净，除山花处与箭窗上部有一点朱红色外，几乎没有鲜艳的色彩，当然，这也是与箭楼本身的防御性目的相适应的，而不是出于观赏性与注重形制地位的目的。

德胜门箭楼位于北京城的北部城墙处，与前门箭楼相比，德胜门箭楼更好地保存了原来的风貌，其命运多舛，但不至于像前门的箭楼那样面目全非，而从始至终保持着自己最初的风格。这在历史上是不多见的。

据顾炎武在他的《昌平山水记》中记载，德胜门原是元代时的健德门，明洪武元年（1368年）时，大将军徐达将它改为德胜门。朱元璋率众推翻元朝的统治之后，建立了明朝，但是与元代后裔之间的战争与矛盾一直未能平息，边患不断。当初大将徐达攻占了元大都以后，为了便于防御，曾改建元大都的城墙及城楼，同时将北部的健德门等两座门改为德胜门和安定门。

明朝正统元年（1436年），明英宗又派都督同知、少保工部尚书等带领数万人营建北京城楼，将所有的土城墙改建为高大结实的砖墙，并在瓮城上建起了极具防御性的箭楼。这样一来，北京城更是坚如磐石。

德胜门原有建筑包括城门城楼和瓮城及箭楼，目前只剩下瓮城上的箭楼了。德胜门箭楼的建成约在明正统四年（1439年）。

自从箭楼建成后，就历经几多自然与人事的风雨，在清代康熙十八年（1679年）北京大地震时就曾毁坏，虽然如此，仍然保持了初建时的风格样式。

德胜门箭楼的外形与前门箭楼相似，平面呈"凸"字形，前有抱厦，在第四层时墙体向内收缩。楼的主体部分的三层与四层之

德胜门箭楼

间，有一层腰檐与前部的抱厦檐相连，上部为单檐歇山式楼顶。山花部分也是朱红色，屋面覆盖灰瓦，带绿剪边，上层檐下有清晰的斗拱与彩画。墙体与前门箭楼一样，也是一色的灰砖墙，楼体下部是高大的城墙。楼体最主要的部分突出于墙体之外，以便于警戒人员瞭望、巡查。

整座箭楼上小下大，上轻下重，构造稳定坚固。

德胜门箭楼的主体共有四层，每层都开有供瞭望的小方窗，每面每层小方窗上部也都有贯穿左右的朱红色过梁。相对于前门箭楼来说，德胜门箭楼上的箭窗要少一些，主要少在后部与抱厦上，左右两侧仍是每层四个不变。此外，就目前来说，德胜门箭楼外表相对更为简洁明了，没有前门箭楼上后来增添的平座与护栏，也没有箭窗上的弧形装饰遮栏。

由于全国现存城墙的城市不多，因此北京现存的这两座箭楼就显得尤为珍贵。而且北京这两座箭楼的设计全面，施工精良，全面代表了中国古代城池防御建筑高峰期的水平。

北京城角楼

角楼是方形城池的转角处城墙上的建筑，其功能和箭楼一样，因为要具备两个方面的防御能力，因此尺度要比箭楼大一倍以上，平面呈"L"形。

北京城墙上的几个角楼，形制都相仿，都位于墙角处，平面都呈直角曲尺形。由于多年人事与风雨的变幻，目前只剩下东南角处的一座了，被称为东南角楼，物以稀为贵，因此角楼就比现存的箭楼还要珍贵。东南角楼建于明代正统四年（1439年），后经过多次毁坏与重建。如今它依然屹立在建国门的南侧。

东南角楼通高29米，下为城墙，上为楼体。楼体共有四层，灰砖墙体。东南角楼的前部也和箭楼一样，随着主体结构的变化各突出抱厦三间。抱厦的正中，也就是角楼的内侧，开有方形门洞，一面向西，一面向北，都安有朱红色门板，门的上部还有一段朱红色的隔扇。

东南角楼是箭楼的形式，因此，墙体上开有成排的、整齐的箭窗，除前部抱厦处是门与墙体外，其余各面都是箭窗，共达144个之多，这从城外部看尤其明显，共有四层，均为方形。箭窗和门框上部也和箭楼一样有横向的过梁，外表漆成朱红色，与门板、隔扇、山花的色彩相呼应。

此外，东南角楼的楼檐也与箭楼一样，在三层与四层之间有一层腰檐，顶部为单檐歇山式，屋面上都覆盖着灰色筒瓦，带绿色琉璃剪边。每层檐下都绘有青绿色彩画。东南角楼比较特别的地方，在两段角楼的相接处。此处屋顶部特意建有两面小歇山，也做成朱红色山花，仿佛是两段楼体外侧歇山的对应部分。在这中间的两面歇山之间脊上还装饰有宝顶。这一部分的设计，给单调、肃穆的屋顶增添了些许灵活、生动的气息。

东南角楼与城楼和箭楼一样位于高高的城墙上部。角楼内铺设有楼板，并有木制楼梯相连，可供上下。

虽然角楼向内有门板等较大面积的朱红色，但整座角楼的外观还是较灰暗的，尤其是从城外部看，几乎全为灰色的砖墙，加上楼体由下至上呈微微的内收形式，所以东南角楼建筑依然显示出了城楼建筑特有的敦实、稳重、肃穆、冷静的风格。

在中国现存的城池防御建筑中，北京东南角楼无论从设计尺度、施工，还是建筑年代等方面，均可说是中国城池防御建筑的精品之一，代表着国内城池防御建筑的最高水平。

城防工事：城池

沧桑的历史总是上演一幕幕惊心动魄的画面。明朝的永乐皇帝朱棣，并不是名正言顺继承王位，而是靠武力从他的侄儿朱允炆手中夺来的。据说，他初登皇位时终日心神不宁，总觉得不踏实。一天夜里他做了个梦，梦见一位神仙对他说："如果要想永保皇位，就要建一座'九梁十八柱、七十二条脊'的建筑镇住皇宫。"朱棣忙问怎么建，神仙却笑而不答。他醒来之后，冥思苦想不得结果，终因心虚，对梦中的事情深信不疑，更对皇位眷恋有加，便直接下令工部在限期内建一座梦中所见的建筑。众工匠本也无计可施，却因见到蝈蝈笼子而受到启发，终于建成了九梁十八柱、七十二条脊的角楼。

这虽是一个传闻，但角楼对皇城的防御来说，具有重要作用确是事实。同时，这也说明了防御设施对于城市的重要性，特别是贵为九五之尊的帝王，对安全性更是有着较高要求。从奴隶制社会时期的夏朝开始，统治者就非常重视城池建设与防御。

无论是奴隶社会还是封建社会，统治者为了便于统治人民，更让自己有

第二章 古代帝都建筑

一个稳定而安全的生活空间，开始修筑城池。之后的各代纷纷效仿，对城池建筑的重视程度有增无减，因此城池越建越坚固、高大、精细，防御性也更强。

城池作为防御工事，主要包括城墙、城门、瓮城和护城河几部分，后来，为了加强城池防御性，多在城墙上建角楼敌楼。城墙是很结实的，这种坚固的防御设施在明代以前，都是用土做的。一般来说，就是用当地的黄土或黑土作为原材料，层层夯实而成，经过这样的夯打，墙体就变得非常坚固。同时，为了增加稳定性，墙体侧面都不做成垂直形式，而是做成上窄下宽形式，常见的模式为：上部约3.5米，下部约4米。

明代以后，经济与科技都有了长足发展，烧砖技术提高，很多城墙表面被加包了砖，城墙的坚固度自然也就更高。

纵观中国古代所筑的城池，我们会发现一个特点：城池的平面大多是正方形，另有部分长方形和不等边形。为什么城池要建成方形的呢？这主要与中国人的思想意识有关，中国人认为只有居中，才能不偏不倚，既稳重大度，又能稳定长久。《周礼·考工记》中就记载有城市建设规定："匠人营国，方九里，旁三门，国中九经九纬，经涂九轨，左祖右社，面朝后市，市朝一夫。"同时，还载有一幅王城图，此图方正严谨，东西南北四面各设有三座城门，城中有九经九纬街道，正中是宫室。

无论从统治时间上还是从经济发展上看，中国历史上最为突出的城池建筑非汉、唐莫属。而在都城建设上，又以唐朝的长安城更具代表性。

知识链接

长城的修筑历史

根据历史文献记载，有20多个诸侯国家和封建王朝修筑过长城，若把各个时代修筑的长城加起来，大约有10万里以上。其中秦、汉、明3个朝

代所修长城的长度都超过了1万里。现在我国新疆、甘肃、宁夏、陕西、内蒙古、山西、河北、北京、天津、辽宁、吉林、黑龙江、河南、山东、湖北、湖南等省、市、自治区都有古长城、烽火台的遗迹。现在,长城已经是中国坚不可摧的象征。

第三节 帝都建筑趣话

城门上的门钉

中国古代建筑中,大门上普遍都有一排排的钉子,被称为门钉。北京故宫的宫门上,这些门钉尤为明显,远远望去,甚是威严肃穆,跟普通的大门明显不同,这些门钉到底因何而来呢?

有专家认为,门钉最早来自墨子理论中的"涿弋",长二寸,见一寸,钉入门板大概一寸。这样的门钉主要用于固定门板,使门更加牢固。同时,城门的门钉上还会被涂上耐火的泥巴,以防止敌人火攻。

明代以前,门钉使用的数量无明文规定。到了明清时代,门钉数量和等级制度有了关联。门钉逐渐增加了新的用途——装饰性的等级标志。在等级森严的古代建筑中,门钉数量的多寡及颜色象征着门户主人地位的高低。在皇家建筑中,每个门上的门钉数量都有严格的规定。

带着封建等级象征的新身份，门钉进入了封建的典章制度。据传明太祖朱元璋曾经命令礼部的官员去考究门钉的历史，可是，经过礼部人员的研究，发现门钉其实没什么特殊的历史。于是朱元璋便命令手下人制定了一系列的规定，并写进了法律：如皇家宫殿是九行九列。《大明会典》还规定："按祖训云：凡诸王宫室并依已定格式起盖，不许犯分。洪武四年定亲王府制……四门……正门以红漆金涂铜钉……"皇家宗族王府可以使用门钉，不违制度。而公侯府第则规定门用金漆及兽面摆锡环，一品、二品官门用绿油兽面摆锡环，三品至五品官门用黑油摆锡环，六品至九品官门只许用黑门铁环，公侯乃至九品官，皆不许使用门钉。清代则在其基础之上进行了更为严谨、细致的划分。

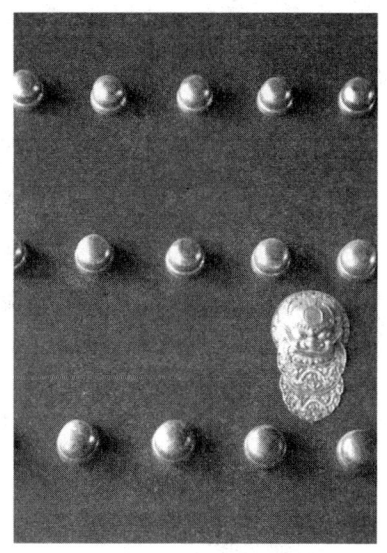

城门上的门钉

《大清会典》载："宫殿门庑皆崇基，上覆黄琉璃，门设金钉。""坛庙圆丘外内垣门四，皆朱扉金钉，纵横各九。"清代皇宫大门钉是纵九横九，共八十一颗钉，且用金钉，代表皇权至尊。《大清会典》还规定，皇帝之下的亲王府是"门钉纵九横七"。世子府、郡王府是"压脊各减亲王七分之二（即纵九横五）。"贝勒府、镇国公、辅国公是"公门铁钉纵横皆七。"虽然比郡王府的四十五个门钉还多四个，但是由金钉改为了铁钉，所以等级更低。而"侯以下至男递减至五五，均以铁。"

然有奇怪之事，紫禁城南门（即午门）、北门（即神武门）、西门（即西华门）都是九行九列门钉，但是东门（即东华门）却不是，它只有八行九列，为何此处用偶数（阴数）门钉而不用奇数（阳数）门钉呢？这个疑惑至今没有一个公认的解答。有些人认为与一个传说有关。

据说，明朝末年，农民起义爆发，崇祯皇帝百感交集却无计可施，派兵镇压都以失败告结。李自成的部队眼看就要打到京城了，作为一国之君，虽然国已破，但是皇帝的尊严不能丢，崇祯皇帝就在北京城被攻破之后，仓皇地从东华门逃跑了，并自缢于煤山。清朝入关之后，统治者觉得东华门有如

此故事，很不吉利，于是决定此后皇帝的灵柩都由这个门抬出去，并把这个门上的门钉减去一排，便成了八行九列，如今东华门少一排门钉的格局因此而来。

古时候，一看门上的门钉，就知道这家是什么等级。现如今的门钉除了在一些古建筑上存在外，现代建筑中基本不见了。

天安门上的"暗楼子"

天安门是明清两朝皇城的正门，相当于紫禁城的"门脸"。它建设于永乐十五年（1417年），被认为是城门中的重中之重。气势恢弘的天安门是明清皇帝出宫的必经之门，也是皇帝举行庆典的场所。不过，就是这么一座在明清两朝几百年间无比重要的城门，却成了"梁上君子"时常光顾的地方，究竟是为什么呢？

作为皇帝的居所，紫禁城里聚集了世界各地的奇珍异宝。这些价值连城、举世无双的珍宝让很多盗贼垂涎三尺。久而久之，有些窃贼找到了门路，尤其是到了清代后期，国家日益衰败、政务松弛，守护皇城的侍卫也不那么尽心尽力了。这些窃贼就更加猖獗，他们飞檐走壁，专门去偷皇宫。

不过，他们普遍为夜间行动，白天休息，而休息的地方居然选在了诸如天安门这样的城楼之上。天安门作为宫城的正门，其实是很显眼的，那么窃贼如何藏身呢？原来，天安门这样的城楼之上有一处叫做"暗楼子"的秘密所在，这里成了窃贼的安乐窝。

更让人感到吃惊的是，有些窃贼居然当着守卫城楼士兵的面走出"暗楼子"。由于常年无事可做，守卫城楼的士兵经常赌博。躲在暗楼子里的盗贼看得心痒手痒，便壮着胆子下来和官兵一起赌博。估计是心照不宣或者窃贼买通了守卫，护城门的士兵也不说破。

不过，也有例外的时候，每当皇帝要登上城楼举行什么活动的时候，守卫们便开始了一项"扫楼"活动，虽然这个活很辛苦，但是好处很多——既可以捉贼，又能拿到一些价值连城的宝贝。一部分回归国库，另外的一些则进了自己的腰包，何乐而不为呢？

天安门作为当时紫禁城的正门，气势恢宏。城楼总高有34.7米，城楼上面由清一色的朱红大圆柱支撑，总共有60根，非常有气势。房间是东西9

间，南北5间，暗合了古代"九五之尊"的皇权地位，象征了皇权的至高无上。城楼前是通向皇城横跨在护城河上的金水桥，一共有7座，各有名称，各有其用。

那么，天安门等城楼上的"暗楼子"是做什么用的呢？为什么那些盗贼可以在这里面容身？

"暗楼子"其实是城楼内屋顶天花板上开的一个方口，开口内有一个空间，可以存放一些临时物品，人们用梯子可以进入这个空间，类似于现在比较隐蔽的储物间。作为皇宫正门的天安门，也设置了这么一个"暗楼子"。在大厅的顶部，有一个绘有龙凤图案的天花板，有一平方米左右，这个天花板被称为"承尘"，而"承尘"最顶端的部分就是"暗楼子"，"承尘"下面明亮的大厅，就是"明楼子"。不过，未曾想到的是，天安门的"暗楼子"却被很多盗贼当作了栖身之所。

以至于后来，皇宫的其他城门楼里的"暗楼子"也发展成了这些盗贼的藏身之地，不能不说是个笑话。

探密 "鬼脸城"

赫赫有名的南京城曾经是中国历史上多个王朝政权的都城，这里有着深深的帝王文化烙印。由于先天的地理条件，它也有着独特的城市建设特点。因为周围有山，而且多利用自然因素建设，用石头围城，因此南京曾经被称为"石头城"。不过，南京城还有另外一个比较容易让人记住的名字——"鬼脸城"。石头城是因为有石头，那"鬼脸城"是不是因为有鬼脸呢？

"鬼脸"位于南京清凉山的悬崖峭壁上，狰狞恐怖，让人一看就感到毛骨悚然。据说原来并非如此，那段山崖当初是光洁如镜，如同刀削斧劈一样，并没有现在鬼脸的样子。那究竟是什么时候变成了现在"鬼脸"的样子呢？

据说，当时清凉山来了一个妖怪，它经常祸害附近的百姓，老百姓们既

南京鬼脸城

怕又恨，可是却拿它没有办法。恰巧，有一位大仙路过这里，发现了妖怪祸害老百姓，于是决定为老百姓除害。他们俩经过一番搏斗，最终妖怪被大仙打败，妖怪想要逃跑却发现无路可逃，就一下子躲到了清凉山里，怎么也不敢出来，它以为这样就能躲过大仙。可是大仙法力高强，他拿出一面照妖镜一照，妖怪的脸立刻从清凉山的山崖上显现出来。大仙怕这妖怪再逃出来祸害百姓，干脆直接将照妖镜放在这里，镇住妖怪，使它逃不出来，后来这面照妖镜便化成了一个池塘，就在清凉山悬崖前方。不知过了多少年，"鬼脸城"的名称就传开了。

这个传说为我们展现了南京"鬼脸城"的来历，它给我们展示了南京城的地理环境，鬼脸城里的确有"鬼脸"，应该是后人对山崖上的这些石头的一个想象罢了。除了"鬼脸城"，南京更为著名的还是"石头城"这个称呼，唐朝著名诗人刘禹锡曾作诗《石头城》描写南京，抒发了他对历史沧桑变化的感叹：山围故国周遭在，潮打空城寂寞回。淮水东边旧时月，夜深还过女墙来。

南京石头城的出现最早可以追溯到战国时期，而"石头城"出名真正是到了三国时期，诸葛亮曾经发出感慨道："钟山龙蟠，石头虎踞，真乃帝王之宅也。"孙权后来也迁都于此，并且就在清凉山下建立起了石头城，以此作为保卫都城的屏障。

"石头城"选在清凉山上，是因为这里的地势环境确实是易守难攻，城的东、南、西三面有山为依靠，又紧靠淮河、长江，因此可以说是要塞中的要塞。此外城中的建设，都是取材于清凉山上的自然石材，石头屋子、石头仓库以及烽火台等等，一应俱全，这也体现了当时我国古代劳动人民的无限智慧——因材建城。这座城池到了南朝仍然是军事要地。

前面所提到的"鬼脸"，其实仅是石头城墙的一部分，如今它已成为了一个重要景点，即"鬼脸照镜"。

唐朝长安商业区

唐朝长安城是当时世界上一个国际性的大都市，这个地位跟它的城市规划不无关系。

长安城内各个区域的规划井井有条，将统治者、百姓居所以及商业活动

第二章 古代帝都建筑

的场所进行了详细的安排和布置，这种看似古板的设计非常利于统治者管理，这种规划在当时被称为"里坊制度"。隋唐时期创立的里坊制度是对当时的封建社会的一大贡献，甚至这种制度还漂洋过海，传到了近邻日本。那么，"里坊"究竟指的是什么呢？

唐代的长安城是在隋代大兴城的基础上建造起来的，这里有一个有名的故事，叫作"破镜重圆"。"破镜重圆"跟"里坊"有何关系呢？

相传，隋朝大军即将统一全国，剩下的只有偏安一隅的南朝。南朝的太子舍人徐德言和陈后主的妹妹乐昌公主是夫妻。他们看清了当时的局势，觉得大势已去，担心在兵乱中走散，于是把一面镜子摔成两半，每人拿一半，如果两人失散了，便在每年正月十五都城的集市上高价出售，以便取得联系。

事情果然如他俩所预料的那样，隋代大军势如破竹，陈政权最终灭亡了。两个人失散后，乐昌公主流落到隋朝的都城。正月十五这天，乐昌公主来到集市上高价售卖半面铜镜。人们都以为她疯了，路人用异样的眼光看着她，最终无人问津。她的丈夫徐德言很快知道了这件事，历尽千辛万苦来到了这里，最终两人在都城相逢，谱写了这段"破镜重圆"的佳话。

那么，这么大的长安城，交通、通讯设施也不发达，徐德言如何能顺利找到乐昌公主呢？这就跟唐朝的"里坊"制度有关了。唐代长安城中，除了皇宫和中间的一条主要干道以外，政府将城市规划成了两个部分：一个是供居民居住的"坊"，职能等同于我们现在的居民小区；而另外一个则被规划为"市"，也就是供市民进行商业活动的地区。这个地区相对固定，相当于现在的核心商业区域。所以借助这样的设置规律，徐德言大大缩小了寻找妻子的范围，并能最终顺利与妻子团聚。如果没有这么详细的城市区域分工，想来徐德言要从那么大的都城中短时间内找到妻子，几乎是不可能的事情。

由这个故事可以知道，唐长安城的规划相当严谨。当时，长安城一共有109个坊，里坊大小不一，如同豆腐块一样。里坊之间有围墙相隔，并设置了门，有的里坊有两个门，有的则有四个门。坊内有十字街道，再次将坊分割成为了十六个小块，这样就能通到每个居民的家中了。"坊"里有严格的管理制度，利于封建统治者有效管理。

长安城的商业活动被集中在东、西两市上。东市和西市各有各的不同贸易范围。东市主要针对国内贸易，商铺和手工作坊有120多个。同时长安城是一个国际化的大都市，它的西市被允许与外国人做生意，因此，西市实际上是一个国际贸易中心。

　　里坊制度的确立时间很早，约产生于春秋至汉代。"里坊"可以理解为把城市按照一定的规矩划分出若干区域。三国到唐代，这个制度逐渐进入极盛时期。到了唐代后期，里坊制度受到了冲击，开始出现"坊""市"不分的情况。

　　总之，唐长安城规划整齐、排列有序，显现出了很高的城市规划水平。

知识链接

定城砖的传说

　　定城砖是指放置在嘉峪关西瓮城门楼后檐台上的一块砖。关于这块砖还有一个美丽的传说。相传明正德年间，有一位名叫易开占的修关工匠，精通九九算法，所有建筑，只要经他计算，用工用料十分准确和节省。监督修关的监事官不信，要他计算嘉峪关用砖数量，易开占经过详细计算后说："需要九万九千九百九十九块砖。"监事官依言发砖，并说："如果多出一块或少一块，都要砍掉你的头，罚众工匠劳役三年。"竣工后，只剩下一块砖，放置在西瓮城门楼后檐台上。监事官发觉后大喜，正想借此克扣易开占和众工匠的工钱，哪知易开占不慌不忙地说："那块砖是神仙所放，是定城砖，如果搬动，城楼便会塌掉。"监事官一听，不敢再追究。从此，这块砖就一直放在原地，谁也不敢搬动。现在，此砖仍保留在嘉峪关城楼之上。

古代陵墓建筑

　　作为中国古代建筑的重要组成部分，陵墓建筑对我国建筑业的研究和发展有着至关重要的作用，中国古人基于人死而灵魂不灭的观念，普遍重视丧葬，因此，无论任何阶层对陵墓皆精心构筑。在漫长的历史进程中，中国陵墓建筑得到了长足发展，创建了举世罕见的、庞大的古代帝、后墓群；且随着各领域文化的交融发展，陵墓建筑逐步与绘画、书法、雕刻等诸多艺术门派相辅相成，成为反映多种艺术成就的综合体。

第一节
陵墓建筑

什么是陵墓建筑

中国古代社会中，始终很重视人死后的墓葬。这是因为古人认为，天下万物皆有灵，人死只是表示离开了现实的世界，而人的灵魂却永远不会消灭，它将一直生活在"冥间"。这种认识，反映了人们的一种愿望，是因为对现实世界的失望而产生的一种理想。正因为有这种世界观，才使得古人把墓葬看作是一种与结婚同等重要的终身大事，民间的红白喜事就是指的这两种风俗。

墓葬制度随着人们的经济状况和民族习俗而有很大的不同。古代劳动人民食不果腹，衣不蔽体，死后哪里还有钱来修坟建庙，有的连口棺材也置办不起，只有用张破席将尸体一裹，埋入土中，最多买点纸钱在坟头烧烧，祈求亡人在冥间平平安安。稍有钱的人家，则人死入棺深埋入土，地上起坟头立石碑，送葬时焚烧纸人纸马纸房子，加上一堆金纸银纸做的元宝，让这些钱财、牲畜、房屋连同主人一起去冥间，供主人永久享用。墓葬对于奴隶主与皇帝，就与老百姓大不一样了。历代统治者都讲究厚葬，他们认为建造豪华的陵墓，举行隆重的葬礼，不仅是为自己造福，也是荫及子孙的大事。历史上多少代帝王登位之初就大兴土木为自己建造宏大的宫室，与此同时，他们也早早地选址营建死后的陵墓。秦始皇灭六国建

古代陵墓遗址

立了统一的秦帝国。他定都咸阳,在南山之下规划建造了庞大的宫殿建筑群,同时也在骊山之下、渭水之滨营建了庞大的陵墓。

清代入关的第一位皇帝顺治,6岁登基,7岁入关进紫禁城,在位不过18年,死时才24岁,但就在这短短的岁月中,也不忘在生前营建他的墓穴。相传顺治皇帝有一次出外狩猎,出京城奔赴东郊的燕山,上到凤台岭

秦始皇陵墓中的兵马俑

的山头。他站在山巅极目四望,发现这一带山峦重叠,气势壮丽,于是下马选择了一块向阳之地,向苍天祷告,随即取下手上佩带的射箭用的白玉扳指向山坡下扔去,对着周围大臣宣示:"此山五气葱郁,可为朕寿宫。"并说扳指落地处即为墓穴,当即打桩立标,后来就在这里兴建了清东陵的第一座皇陵。清代后期,两朝垂帘听政、赫赫有名的慈禧太后,在她儿子当皇帝时就开始建造自己的陵墓,当时她方才38岁。陵墓建造了6年,1879年完工,花费了白银227万两。事隔16年,1895年,正当中日甲午之战后,中国向日本割地赔款,国库空缺,加上连年灾荒,民不聊生,但慈禧全然不顾,利用手中凌驾于皇帝之上的大权,为了自己死后的荣华富贵,命令将已建好的陵墓的主要三座殿全部拆除重建。历经14年,直至慈禧死时才完工,成为清代十分讲究的一座陵墓。皇帝把陵墓当成是自己死后的宫殿,而且相信自己在冥间的生活比在现实世界要长得多,所以总是不惜血本地建造陵墓。从现存的

清朝皇陵

皇陵来看,帝王的陵墓建筑可分为地下与地上两部分。地下部分称为"寝宫"或"地宫",为了求得坚固耐久,都用砖石结构,形式多模仿主人生前的房屋,内放主人遗体与遗物。地上部分为供后人祭祀用的建筑,在最前面有石人石兽排列的墓道,有陵门、陵殿、碑亭、牌楼等,组成一组建筑群体,在建筑周围广植常青树木,形成一个独立的陵区。

由于我国地域广阔，民族众多，所以在陵葬制度上也形成许多不同特点。汉民族多棺木土葬；在新疆等干旱地区的回族则习惯将尸体用白布包裹好放入地下，地上建造具有清真寺特征的墓葬建筑；西藏地区人死后，有一种将尸体抬上山顶，任天上飞鸟啄食，伴以一定的宗教仪式，称为"天葬"的习俗，意思是人的灵魂随着飞鸟啄食肉体而升上天堂。

陵墓建筑随着古代丧葬制度的产生而逐步完备，带有浓厚的宗教色彩，正因为如此而使陵墓建筑具有相当大的特色。在这类建筑中，除了房屋本身外，还有众多的雕刻、绘画和碑帖文字，它们与建筑融合在一起，成为古代建筑中一份丰富的遗产，从一个侧面反映了我国古代的文化。

陵墓建筑的发展

根据考古学家的发掘，远在公元前 21 世纪到公元前 11 世纪，也就是我国进入奴隶社会的初期，夏、商代就有了陵墓建筑。河南安阳曾是商代的都城，现在挖掘出来的不仅有一定规模的宫室建筑区，而且还有陵墓区。在这个区内发现有十几处规模不小的墓，这些墓的形状是在土中挖方形的深坑作为墓穴，穴四周用方木垒砌，下铺木板，上列木枋，成为一种完全用枋木垒造的井干式的墓室，称为椁。在椁室的内墙表面还发现有彩色的绘画和雕刻的花纹。从墓穴至地面有斜坡相通，这些墓穴都在地面 8 米以下，深的有达 13 米的，墓道长达 32 米。墓穴中除奴隶主的遗骨外，还有一些石器和陶器，这些都是死者生前的用品。值得注意的是在这些墓内还发现有数以百计的人的遗骨，这显然是作为人殉而随奴隶主一起入葬的，反映了奴隶社会早期野蛮的殉葬制。

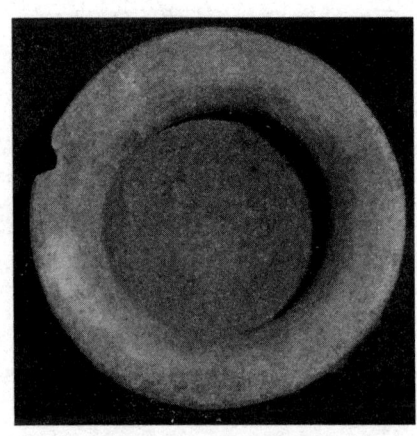

从陵墓中挖出的陶器

秦始皇统一中国后，兴建了规模空前的宫殿建筑群，同时也建造了规模空前的始皇陵。但是始皇陵的真面目始终是个未解开的谜。不过，近十多年来，考古学家却做了件大好事，在始皇陵墓的周围陆续发掘出建筑遗址、铜制车马

第三章 古代陵墓建筑

和大规模的兵马俑。兵马俑是一种随葬品，这和殷墟商代墓穴遗址中发现的人骨具有同样的性质，但在这里，陶土的俑代替了活人，这不能不说是皇权社会相对奴隶社会的一大进步。从这么大规模和这么精致的铜车马、兵马俑身上，我们可以推测出始皇陵的宏大与豪华确是空前的了。

古墓中的石马

汉代继承秦代的制度，十分重视陵墓的建造。据文献记载，秦汉以来，陵墓不但在平地上建高大的陵体，而且在陵前设石麒麟、石辟邪、石象、石马等雕像以表示墓主人生前所享有的地位并起到守卫陵墓的象征作用。这种形式在现存的汉代陵墓中开始发现。汉武帝时期名将霍去病墓前的石雕是这种布置的第一个例子。石雕作品除兽类外，还有一种放在陵墓最前面的石阙左右各一，成为陵墓的入口标志。它的形式为长方形的石碑上安有木结构形式的屋顶，相当于一件大型的石雕作品。可以看得出，中国古代的陵墓建筑到了秦汉时期已经形成了地下和地上建筑相结合的群体，地上建筑开始有了神道，道旁布置有石雕刻和石建筑。

秦汉以后，三国鼎立，国家分裂，战乱不止，经过 300 余年到了隋唐才又获得统一，中国专制社会进入了一个昌盛繁荣的时期。皇帝继承祖制，更加重视陵墓的建造，唐代帝王陵墓的最大特点就是比前代更加追求陵体的高大，更加追求陵区总体规模的庞大与气势。唐太宗不满足于挖地堆土为陵体而开创了开山为陵的先例，这就是选择有气势的山脉为陵体，凿山石筑造墓室。这种做法最有代表性的是唐乾陵。乾陵是唐高宗与武则天皇后的合葬墓，选择在西安附近的乾县梁山地区。梁山的北峰高大雄奇，海拔近 1047 米，在它的南边有两座小山峰左右呈对峙状。乾陵将地宫安在北峰的山腰，在北峰四周筑以方形围墙，四方各开一门。在北峰之南有一条长达 4 里的墓道，在墓道两旁排列着 100 余尊石人石兽，直抵南端的入口阙门。梁山南面二峰左右对峙在墓道东西，峰顶上还建有阙亭，成为乾陵的天然阙门。这种利用天然山势环境，加以人工规划设计而形成的庞大陵区，的确比前代完全由人工创造的陵墓更显得有气势，更能体现出专制帝王的唯我独尊和一统天下的

意志。

唐以后进入五代十国，国家又四分五裂。公元960年，宋代统一中原，虽然在经济上有所恢复，但与北方的辽、金、夏先后对峙，在政治和军事上一直没有得到像唐朝盛期那样的安宁与强大。这种状况反映在陵墓建筑上，最明显的是规模比唐代小了。宋代有规定：皇帝、皇后在生前不许营建自己的陵墓，只能在死后再选址建陵，而且要在七个月内建成安葬。这种规定加上经济条件的限制，宋陵规模都不大，而且诸陵形式多有雷同。北宋九个皇帝的陵墓都建在今河南巩县境内，各座陵墓都采用平地起陵台的形式，在方形陵台四周筑围墙，四面开门，四角建阙楼，陵南面是墓道，两边排列着石人石兽。宋陵的规模虽小，但是可以看出，前有墓道，后有寝殿，陵台在后，台下为墓穴，这种地下地上相结合的形式已经成为中国古代皇家陵墓的固定格式了。

宋代由于农业、手工业的发达带动了商业的发展，使社会上出现了一批富有的商人和官吏，这样倒引出了一批较为讲究的中型坟墓，这类宋、辽、金时代的墓穴在河南、山西、河北等地多有发现。它们都以砖石为结构，在墓穴的四壁雕有装饰，其内容多为描绘墓主人生前的生活情景，形象生动自然。

陵墓地面上的雕刻

中国古代建筑，尤其是早期的实物，如今留存下来的很少。有些史书上记载描绘得很具体的重要宫殿，例如秦始皇修建的阿房宫、唐代大明宫的含元殿、北魏洛阳的天宁寺塔都已荡然无存，今人已见不到它们的宏伟形象了。其原因除了专制皇朝历代更迭，遭到人为的破坏以外，主要是这些建筑为木结构，很容易毁坏。相比之下倒是古代的陵墓建筑比较容易保存下来，因为它们多为砖石结构，而且一部分埋在地下，尤其陵墓建筑中的砖石雕刻，留存下来的更多。这对于我们认识古代建筑中的雕刻艺术，提供了很有利的条件。

自东汉开始，石雕在陵墓建筑中已被广泛地应用。石阙放在陵墓的最前面是重要的入口标志；其后是系列的石雕，有狮、辟邪、虎、牛、马、骆驼、羊等成对地布置在墓道两旁，组成陵墓建筑不可缺少的神道部分。到唐代，

神道两边又增加了石人，有文臣、武将，还有外族的藩王像。陕西乾县唐乾陵神道的石人石兽共有110余尊。以后的宋、明、清各代的皇陵都有这样排列成行的石雕。现在我们选择石雕中常见的几种加以介绍。

1. 石柱

又称石表、望柱、神道柱，多置于神道的前面。最典型的是北京西郊出土的汉代秦君墓石柱和南京市郊南朝时期萧景墓墓表。它们的形式是由柱础、槽柱、方版、束柱、盖盘和蹲兽几部分组成。方版上刻有墓主人的职位和姓氏，所以石柱是陵墓的一种标志。在柱础和盖盘部分都雕有兽形和莲花的图像，柱身下段是槽柱，这种形式在我国古代很少见到，而在古希腊、罗马建筑中是常见的一种柱身形式，这反映了此时融合吸收了西方文化艺术的特征。在唐、宋、明、清各代皇陵前的石柱，形式有了变化：槽柱和方版不见

石柱

了，而改为六面或者八面的柱身；顶上的蹲兽不见了，而代之以圆柱形的柱头；下部的柱础也多用了须弥座形式的基座；柱身满布云纹，柱头雕有龙纹；整体造型比前代的简单。

2. 石狮

这种出现在重要建筑门前的兽中之王，自然在陵墓中是不可缺少的重要石兽，几乎在所有陵墓神道上都能见到它的身影。石狮作为大门入口的守护神兽，有时并不在神道左右而蹲在陵寝建筑大门的两边。

在江苏南京郊区南朝陵墓前的几座石兽是如今留存下来的古代石雕中的精品。萧景墓前的石兽名辟邪，实际上也是一种狮子的造型。它体形硕大，两侧雕有飞翼，取名辟邪，有辟除邪恶之意。在雕法上，它不追求狮子的细部刻画而用简洁的手法突出整体的动态。狮子四肢着地作站立状，胸部向前挺出，头部往后向上微昂，张嘴吐舌，身体比真实的大，四肢比真实的短而粗壮。它用夸张的手法力求表现出狮子的雄伟和力量，这就是中国古代造型

艺术所讲求的"重神似而不重形似"的特征。西安附近唐顺陵、乾陵的石狮，在造型上继承了南朝风格，不着重狮子细部的刻画而力求表现出狮子整体的神态。蹲立在座上的狮子，前肢直立，脚爪扣地，仿佛入土三分，具有一种充分的力量感。河南巩县宋陵前的石狮，在形态上更接近真实的狮子，细部刻画比以前具体，头上身上的卷毛，脖子上带的项链、铃铛都有清楚的表现，但在总体神态上却不如唐和南朝的作品。明、清两代陵墓留下了大量石狮，体量上有大有小，雕法上有粗有细，在狮子神态的表现上多种多样，但在总体气势上都不如早期石狮子那样生动而有力。

陵墓地下部分的雕刻

陵墓地下的雕刻品因为保存得完好，所以比地上的雕刻数量更多，形式更丰富多彩，为我们提供了一大批艺术珍品。

早期的墓葬中能见到的雕塑品最大量、最精美的要算秦始皇陵的兵马俑了。这是一种用土塑造然后烧制成的陶器，从已经挖掘出土的数以千计的兵马俑中，可以分为弩、步、车、马四个兵种。它们排列成整齐的队列，大小与真人相近，粗看形象相似，但细观却神态各异。更有意思的是每一件人俑都分解为头、手、躯干、足等七种部件，分别塑造烧制，然后组装成整体。这种大规模生产的方式反映了秦代雕塑的高度技艺水平。这数以千计的兵马俑只是始皇陵区的一小部分，而且还只是陵墓地宫外围的殉葬区域，地宫中真正的精品想必会更加令人惊叹。

汉代的地下墓室都以砖或石为结构，形式多采取板梁式，即墓室的墙和顶全用大块的石材和砖构筑。砖长约1.5米，宽0.6～0.8米，厚0.2～0.3米。后来为了便于制造，墓室的顶改用拱形券或者小块砖层层叠出的结构。这个时期的墓室里，石和砖的表面多用雕刻做装饰，称为画像石和画像砖。雕法是用刀在砖石表面刻画出印，没有高低起伏者称为线雕，雕出高低层次者称为浅浮雕。雕刻的形象有人物、植物、兽

古墓中的战车

类和建筑，表现的内容多为墓主人生前的生活，如宴客、打猎、放牧、出行、收租等；也有表现当时流行的神话故事情节，市俗生活如播种、收获、煮盐等劳动的场景。这些雕刻有的构图紧凑，雕刻细致精美；有的虽比较粗犷，但却十分生动雅拙，为今人留下一批古代民俗生活和艺术的珍贵资料。

　　宋代皇陵至今没有发掘。在已经发掘的一批宋、辽、金墓穴中，我们见到了另一种风格的雕刻作品。散布在河南、山西一带的中小型墓室多为砖筑，墓室不大，有的只有二米见方。它们的特点是把墓室四壁装饰成墓主人生前的环境，例如山西侯马市的董海墓和董明墓都建于金代，在墓的四壁表现出墓主人的住宅形象，每面都是三开间的房屋，有门有窗；墓主人夫妻端坐正面桌子两旁，桌上放着食物、花卉；有的还有戏台，台上男女戏子正演着戏曲。所有这些形象全部都用砖雕刻而成，连建筑上的立柱、横梁、屋檐下的斗拱，门窗上的花格装饰都一一表现出来，甚至小戏台上的人物表情都有细致的刻画。置身墓中，仿佛又回到真实的生活环境之中。这种世俗化的表现手法是这一时期墓室建筑的特征。

　　明清两代皇帝陵墓地宫的发掘又使我们看到了另一种陵墓建筑的雕刻。明定陵地宫第一次向我们揭示了地下宫室的宏伟面貌，但定陵地宫的装饰雕刻不多，而真正显示地宫雕刻艺术的还是清东陵的裕陵地宫。裕陵是清代乾隆皇帝陵墓。乾隆当皇帝60年，活到89岁，自称为"十全老人"，裕陵地宫的规模和雕饰的确反映了这位盛世皇帝的志得意满。地宫为石筑，进深54米，面积有372平方米。整座地宫的四周墙壁和宫顶都雕满了佛教内容的装饰；四道墓门，八块门扇都是由高3米、宽1.5米、厚19厘米、重达3吨的青石制成；每扇门上各雕有一座菩萨立像。他们头上戴有莲花瓣的佛冠，耳戴佩环，上身袒胸露臂，肩上披着飘舞的长巾，双手还掐着西蕃莲，下身穿着长裙，腰上系着长长的垂珠菊花，赤着双脚，立在出水的芙蓉花上，面目脉脉含情，体态轻盈端庄，在高起的雕像周围装饰着浅浮雕的卷草纹。在主要的地宫墓室里，顶部刻有三大朵佛花，花心由佛像和梵文组成，外圈有24个花瓣。在墓室的东西壁上雕刻有佛像和象征着吉利的八宝图案。在四周墙上刻满了印度梵文的经文和用藏文注音的番文经书，梵文共647字，番文645字。所有这些菩萨像、经文、装饰图案都妥帖地安置在地宫的墙顶上，布局紧凑，雕刻细腻，整座裕陵地宫成了一座地下佛堂。

知识链接

元朝皇帝的陵墓哪儿去了

元朝是由游牧民族建立的，这就决定了元朝墓葬的特殊性。像成吉思汗的陵墓，据说在把成吉思汗埋葬后用万马踏平，参建者殉葬，在陵墓上当着母骆驼的面把小骆驼杀死，以备来年祭祀时让母骆驼寻找墓地。因此元朝皇帝的陵墓不为外人所知，也很难找到。另外，元朝皇帝死后的安葬仪式很简单。皇帝死后，用两片厚木板按人形大小凿空，把遗体放入，再将两块木板合上，就成了皇帝的"棺材"。然后挖一个很深的坑，把"棺材"埋下去。同时派兵封锁住这一地区，不准任何人入内，等长出青草，与四周地面相同时，这些兵才撤走。这样，长眠于地下的皇帝们方能免去盗墓贼之类的骚扰。

第二节 历代著名陵墓

秦陵墓

秦始皇陵在陕西临潼骊山北麓，总面积约 2 平方公里，周围有两道陵墙环绕。陵台由三级方截椎体组成，最下一级为 350 米 × 345 米，三级总高为 46 米，是中国古代最大的一座人工坟丘，由于风雨侵蚀，轮廓已不甚明显。

20世纪70年代，在岭东1.5公里处发现的秦兵马俑和铜马车，史书上对此并无记载。兵马俑估计有陶俑、陶马七八千件，至今仅完成了局部开发。陶俑队伍由将军、士兵、战马、战车组成38路纵队，面向东方。兵马的尺度与真人真马相等，兵俑所持青铜武器完好而锋利，可以想象，这一支守皇陵的卫队将是一支十分庞大的队伍。

陶俑替代真人殉葬，不能不说是一种进步。

秦始皇陵是中国历史上第一个皇帝陵园。其巨大的规模、丰富的陪葬物居历代帝王陵之首，是最大的皇帝陵。陵园按照秦始皇死后照样享受荣华富贵的原则，仿照秦国都城咸阳的布局建造，大体呈回字形，陵墓周围筑有内外两重城垣，陵园内城垣周长3870米，外城垣周长6210米，陵区内目前探明的大型地面建筑为寝殿、便殿、园寺吏舍等遗址。为了防止河流冲刷陵墓，秦始皇还下令将南北向的水流改成东西向。

秦陵工程的设计者不仅在墓地的选择方面表现了独特的远见卓识，而且对陵园总体布局的设计也是颇具匠心。整个陵园由南北两个狭长的长方形城垣构成。内城中部发现一道东西向夹墙，正好将内城分为南北两部分。高大的封冢坐落在内城的南半部，它是整个陵园的核心。陵园的地面建筑集中在封土北侧，陵园的陪葬坑都分布在封冢的东西两侧。形成了以地宫和封冢为中心，布局合理，形制规范的帝王陵园。

秦始皇陵园的总体布局与其他国君陵园相比有以下显著特点：

（1）在布局上体现了一冢独尊的特点。过去发现的魏国国君陵园，其中并列着三座大墓，中山国王陵园内也排列着五座大墓，秦始皇陵园内只有一座高大的坟墓，充分显示了一冢独尊的特点。其他国君陵园的布局则显示了国君、王后、夫人多中心的特点。这一区别正是秦国尊君卑臣的传统思想在陵寝布局上的反映。

（2）封冢位置也有别于其他国君陵园。其他国君陵园大多是将封冢安置在回字形陵园的中部，而秦始皇陵封冢位于内城南半部。从陵园总体布局来看，始皇陵封冢并不在西半部。封冢围起于陵园南半部

秦始皇陵的兵马俑

正是封冢"树草木以象山"的设计思想决定的。

据北魏时期的郦道元解释:"秦始皇大兴厚葬,营建冢圹于骊戎之山,一名蓝田,其阴多金,其阳多美玉,始皇贪其美名,因而葬焉。"郦道元的观点受到学术界众多数学者的肯定。不过也有学者提出过异议,持否定意见的一方认为,秦始皇陵选在骊山,一是取决于当时的礼制,二是受"依山造陵"传统观念的影响。秦代"依山环水"的造陵观念对后代建陵产生了深远的影响。西汉帝陵如高祖长陵、文帝霸陵、景帝阳陵、武帝茂陵等就是仿效秦始皇陵"依山环水"的风水思想选择的。以后历代陵墓基本上继承了这种建陵思想。

秦始皇陵是中国历史上第一座帝王陵园,是我国劳动人民的勤奋和聪明才智的结晶,是一座历史文化宝库,在所有封建帝王陵墓中以规模宏大、埋藏丰富而著称于世。

汉陵墓

西汉继承秦朝制度,建造大规模的陵墓,往往一陵役使数万人,工作数年。这些陵墓大部分位于长安西北咸阳至兴平一带。坟的形状承袭秦制,累土为方锥形而截去其上部,称为"方上"。最大的方上高20余米。据记载,陵上有高墙、象生及殿屋,现在某些方上顶部还残留少数柱础,方上的斜面也堆积很多瓦片,可证其上确有建筑。陵内置寝殿与苑囿,周以城垣,设官署和守卫的兵营。陵旁往往有贵族陪葬的墓,并迁移各处的富豪居于附近,号称"陵邑"。实际上是为了解决当时统治阶级的内部矛盾,将富豪、大地主集中于首都附近,便于控制。后来东汉帝后多葬于洛阳邙山上,废止陵邑,方上的体量也远不及西汉诸陵的规模宏大。

汉朝贵族官僚们的坟墓也多采用方锥平顶的形式。坟前置石造享堂;其前立碑;再前,于神道两侧,排列石羊、石虎和附翼的石狮。最外,摹仿木建筑形式,建石阙两座,其台基和阙身都有浮雕柱、枋、斗拱与各种人物花纹,上部覆以屋顶。其中以四川雅安高颐阙的形制和雕刻最为精美,是汉代墓阙的典型作品。此外,东汉墓前还有建石制墓表的。下部的石础上浮雕二虎,其上立柱。柱的平面将正方形的四角雕成弧形,但不是正圆形,柱身上刻凹槽纹。上端以二虎承托矩形平板,镌刻死者的官职和姓氏,但也有在柱身表面刻束竹纹的。这种墓表到南北朝时期,仍为南朝陵墓所使用。

第三章 古代陵墓建筑

西汉初期仍广泛使用木椁墓，据文献所载帝后陵的墓室，用坚实的柏木做主要构材；防水措施依旧以沙层与木炭为主。可是另一方面，战国末年出现的空心砖逐步应用于墓葬方面。据河南洛阳一带发掘的坟墓，空心砖约长1.10米，宽0.405米，厚0.103米，砖的表面压印各种美丽的花纹，而砖的形式仅数种，每一墓室只用30块左右的空心砖，不但施工迅速，而且比木椁墓更能抗湿防腐，因而河南一带小型坟墓多采用这种预制拼装的砖墓。接着出现长0.25～0.378米，宽0.125～0.188米，厚0.04～0.06米的普通小砖，于是墓室结构改为墓道用小砖而墓顶仍用梁式空心砖。不久墓顶改为以两块斜置的空心砖自两侧墓壁支撑中央的水平空心砖，由此发展为多边形砖拱，到西汉末年改进为半圆形筒拱结构的砖墓。东汉初年砖筒拱又发展为砖穹窿，至此，墓的布局不但数室相连，面积扩大，并可随需要构成各种不同的平面，墓内还可绘制壁画，或用各种花纹的贴面砖，也有的在砖上涂黑白二色以组成几何图案，反映了这时砖结构有了很大的进展。此外，四川一带盛行的崖墓，以乐山崖墓规模最大。其中白崖崖墓在长达一公里的石崖上，共凿有56个墓，而以第45号墓所表现的建筑手法最为丰富。此墓外开凿三门，门上施雕刻。门内有长方形平面的祭堂，壁面隐起柱枋。北壁中央有凹入的龛，顶部加覆斗形藻井。龛的两侧各辟一门，门内为纵深的墓室，设灶、龛和石棺。这是汉朝家族合葬的一种形式。第41号墓入口处雕有双阙，反映了地上建筑的形制。至于山东、江苏、辽宁等省的石墓，在结构上虽属于梁柱系统，可是墓的平面布局复杂，如建于东汉的山东沂南画像石墓，具前室、中室和后室，左右又各有侧室二三间，显然受住宅建筑的影响。此墓前室和中室的中央各建八角柱，上置斗拱，壁面与藻井饰以精美雕刻，为研究这时期的建筑式样提供了若干参考资料。由于砖墓、崖墓和石墓的发展，商、周以来长期使用的木椁墓逐步减少，到汉末三国期间几乎绝迹。

南朝陵墓分布在江苏省南京市和江宁、句容、丹阳等县，但有些陵墓的坟已不存在，有些陵墓还未经考古发掘。

汉武帝茂陵

西汉11个皇帝陵均在汉长安附近，其中高祖长陵、惠帝安陵、景帝阳陵、武帝茂陵、昭帝平陵、元帝渭陵、成帝延陵、哀帝义陵和平帝康陵分布在汉长安以北的咸阳原上，文帝灞陵和宣帝杜陵分别坐落在汉长安东南的白鹿原与少陵原上。

茂陵是西汉武帝刘彻的陵墓。位于西安市西北40公里的兴平市（原兴平县）城东北南位乡茂陵村。其北面远依九嵕山，南面遥屏终南山。东西为横亘百里的"五陵原"。此地原属汉时槐里县之茂乡，故称"茂陵"。它高46.5米，顶端东西长39.25米，南北宽40.60米。陵园四周呈方形，平顶，上小下大，形如覆斗，显得庄严稳重。

公元前139年，茂陵开始营建，至公元前87年竣工，历时53年。建陵时曾从各地征调建筑工匠、艺术大师3000余人，工程规模之浩大，令人瞠目结舌。

汉武帝的梓宫，是五棺二椁。五层棺木，置于墓室后部椁室正中的棺床上。墓室的后半部是一椁室，它有两层，内层以扁平立木叠成"门"形。南面是缺口，外层是黄肠题凑。五棺所用木料，是楸、梓和楠木，三种木料，质地坚细，均耐潮湿，防腐性强。梓宫的四周，设有四道羡门，并设有便房和黄肠题凑的建筑，便房的作用和目的，是"藏中便坐也"。《汉书·霍光传》曰："便坐，谓非正寝，在于旁侧可以延宾者也。"简单地说，便房是模仿活人居住和宴飨之所，将其生前认为最珍贵的物品与死者一起殉葬于墓中，以便在幽冥中享用。"黄肠题凑"是"以柏木黄心，致累棺外，故曰黄肠。木料皆内向，故曰题凑。"汉武帝死后，所作的黄肠题凑，表面打磨十分光滑，颇费人工，由长90厘米、高宽各10厘米的黄肠木15880根，堆叠而成。

汉武帝建元二年（公元前139年），武帝刘彻在此建寿陵，公元前87年武帝死后葬于此。汉武帝刘彻是历史上可以和秦始皇相提并论的很有才略的封建帝王，他在位时，是汉帝国的鼎盛时期，他采用奖励农耕、发展生产、富国强兵、抗击匈奴的宏伟战略，在政治上加强中央集权制的同时，在经济上实行煮盐、冶铁、运输和贸易的官营制度，兴修水利，发展农业，开展对外贸易；在军事上抗击匈奴，打通了通往西域的道路，牢固地控制了河西走廊，向南直抵海南，基本上形成了中华民族生存空间的格局，从而使汉帝国以统一繁荣、强大的姿态屹立在世界的东方。茂陵建筑宏伟，墓内殉葬品极为豪华丰厚，史称"金钱财物、鸟兽鱼鳖、牛马虎豹生禽，凡百九十物，尽瘗藏之"。

相传武帝的金缕玉衣、玉箱、玉杖等一并埋在墓中。当时在陵园内还建有祭祀的便殿、寝殿，以及宫女、守陵人居住的房屋，设有5000人在此管理陵园，负责浇树、洒扫等差事。而且在茂陵东南营建了茂陵县城，许多文武

大臣、名门豪富迁居于此，人口达 27.7 万多人。茂陵封土为覆斗形，现存残高 46.5 米，墓冢底部基边长 240 米，陵园呈方形，边长约 420 米。至今东、西、北三面的土阙犹存，陵周陪葬墓尚有李夫人、卫青、霍去病、霍光、金日磾等人的墓葬。它是汉代帝王陵墓中规模最大、修造时间最长、陪葬品最丰富的一座，被称为"中国的金字塔"。咸阳原共葬有西汉 11 个皇帝中的 9 个，陵墓自西向东依次排列，长近百里，气势宏伟。

武帝在位 53 年，营陵时间最长，死时陵区树已成荫，殉葬品多至无法容纳。地面部分现存有方上、四面门阙与周桓的残迹，平面布置仍是以方截椎体为中心，四出陵门。

茂陵之东一公里处有一座霍去病墓。大将军霍去病墓在其东侧，仅存方上及陵上石刻十余件。石刻有虎、羊、牛、马等，手法古拙，其中马踏匈奴最为著名，是中国早期石刻艺术的杰作。该系列石雕不仅展现了早期粗犷而写意的石雕风格，也使我们第一次看到了这种由石雕组成的墓前神道。通常，墓前神道的最前方为左右一对石阙，然后是马、虎、骆驼、羊等动物，神道之后才是陵墓的地上建筑部分。石阙形象有如一块石碑顶上安有木结构形式的石屋顶，阙身和阙顶上不但雕有柱、枋、斗拱、椽子、瓦等木建筑的构件，还附有人物等花纹。四川雅安高颐阙是现存实例中最为精美的一例，阙身为一大一小拼为一体，称为子母阙，阙位于墓前神道的前方，成为陵墓的入口标志，在有的汉墓前还立有石柱，也是墓前的一种标志性建筑。

唐代陵墓

唐朝的皇帝陵墓采用了与前朝制度不同的方式建造，即利用山丘建造，以山为坟。这种建造方式始于唐太宗（598～649 年）时期，后来竟成为修建唐陵的主流，在唐朝 18 座帝陵中，有 14 座依山而建。以乾陵也就是唐高宗（628～683 年）和武则天的陵墓在选址和利用地形上所取得的成就最高。

唐朝的陵域里都设有两重围墙，内重围墙在陵丘四周，一般是方形平面，每面开一门，门外有阙和石像生。以南门为正门，门内建祭殿。内重墙内都有陵墓和寝宫两大部分，陵墓就是地下建筑，包括甬道和墓室等，在祭殿之后，是埋尸之处。陵墓的西南建有寝宫，分朝和寝两种建制。寝宫内设神座，有宫人专门服侍。

乾陵

唐高宗李治和武则天的合葬墓，位于现在的陕西乾县梁山，叫作乾陵（始建于683年）。陵园整体模仿长安城的平面布局模式，以梁山主峰为陵，有方形的陵墙，四面各辟一门。在南门约四公里长的神道上分别设三道门阙。第一道为土门阙，这一区在神道两侧是皇帝近亲与功臣的陪葬墓；第二道门阙依山而建，神道两边是对称的石像生和石碑；第三道在南门以内，象征皇帝的宫城，门内建有祭祀用宫殿。

唐代的皇帝和皇室成员陵墓还有一个最大的特点，就是通过壁画和地下的墓室表现墓主人生前所住的宫室，使得现在我们可以通过对这些地下宫殿的认识了解唐代宫殿的情况。以永泰公主墓为例：永泰公主（死于701年）是唐高宗与武则天的孙女，其墓位于乾陵东南角。以精美的壁画著称。陵墓以南北轴线为序，大概是出于防盗的目的，地下部分比地上部分的轴线向东偏移了几米，依次为向下倾斜的墓道，砖砌的甬道和前后两个墓室，后室有石制石椁一具。其墓道两旁绘有精美的龙、虎以及阙楼和仪仗队等，甬道绘有宝相花平棋图案和云鹤图，墓室顶部以传统方法绘天象图，四壁则是以人物题材为主的壁画。永泰公主墓中的壁画是现已发现的唐代墓壁画中少有的精品。

在唐代的陵墓中还发现有仿地面庭院的一种建筑形式，叫作天井。它最初可能是一个从上部地面的部分垂直向下，到一个理想的深度时开挖成的一个长方体空间，其功能是让更多的工匠便于从多处同时沿轴线向前或后方开挖隧道，后来成为唐代墓制的一部分，而后还被赋予了象征意义。天井把隧道分成若干个过洞，每个过洞的两侧和顶部都有壁画装饰，天井的四壁也画柱子等进行装饰。由于墓室与等级的规则有着密切联系，所以从天井和过洞数量的多少和墓室的数目也可以看出墓的规格。在已经发现的唐墓中，除帝王墓和个别特例外，一般贵族只有一个墓室。

唐代的皇帝陵在具体设计手法上各有各的特点，并不相同。从利用自然地势的角度来说，唐朝第二代皇帝李世民（599～649年）的陵墓，是气势和规模最大的一座。它位于陕西省礼泉县城东北20多公里处。陵园周长60多公里，总面积20000多公顷，陪葬墓160多座，陵园建设持续了107年（636～743年）。著名的昭陵六骏就是这个皇陵的石质浮雕。

昭陵最大的特点在于非常巧妙地利用了山势。作为皇陵的主山，也就是皇帝灵柩下葬之地，气势异常雄伟，而主山前面的远处，环绕着连绵不断的山脉，这些山脉又微微低于主山的高度。使前来参观的人，在第一时间就被群山构成的整体气势所震撼。由于这种绝佳的地貌不可多得，后世皇陵很难再找到类似昭陵这样理想的基址，因而对后世皇帝建设影响最大的还是乾陵。尤其是乾陵的布局模式对于明清皇陵的影响十分巨大。明清皇陵的设计思维基本是从乾陵的营造经验中获得的参考信息。

宋朝陵墓

北宋帝王的陵寝设置形式，开启了以后历史上各帝王陵墓建造上的多个先例，对我国后期帝王陵墓的建制起了非常重要的作用。

与汉唐时候不同的是，北宋时皇帝的陵寝都集中葬在一个区域，再加上同葬的皇后、皇亲贵族、功臣墓等陵墓形成了一个庞大的陵墓群。这种将皇家陵墓集中建筑的形制为明清诸代的皇帝们所采用，明清两代皇家也是效仿宋陵，集中建陵区。

北宋的帝后陵区位于河南省巩义市境内洛河沿岸，共有七位皇帝的陵寝，另外还有宋太祖父亲的永安陵以及皇后、皇亲、皇族等墓室，共计300多座陵墓。墓区中以帝陵为主体，陵体本身称为上宫，上宫的北偏西建下宫，是

供奉和守陵祭祀的场所。帝陵的西北部都有附葬的后陵埋葬皇后。上宫的造型是三阶方锥体的夯土台，四周是方形围墙，四面墙体各开一门，称为神门，通常在南神门外设石像生。

因为宋代帝王生前不建陵墓，要等到皇帝死后才开始建陵，所以受营造时间的限制，宋陵的规模远小于唐陵。宋陵还有一个重要的特点，即各陵地势均东南高而西北低。这可能是因为整个陵区的东南为嵩山，西北为洛水，但另一个重要原因是，陵墓的建制要根据风水来选择地形。这种东南高，西北低的地势是因风水原因而选定的。宋人盛行"五音姓利"的风水之说，因为皇帝姓赵，据风水说须"东南地穹，西北地垂"。所以八座皇陵布局地形都基本选择这种陵址。这与以往的主体建于最高处，而次要建筑的台基高度逐渐降低的模式也恰恰相反。

以北宋永昭陵为例：帝陵由上下宫所组成，上宫西北附有后陵（这里的"后"是皇后的后，不是前后的后）。上宫中心为截顶方锥形陵台，又称为"方上"。在其四周建有围墙，每面正中开有神门，门外都设一对石狮，门上建门楼，四角建角楼。正南门为正门，外设神道，神道两旁有鹊台、望柱及石像生等。唐代不同皇帝陵墓中的石像生无论数量、内容、造型还是种类都相差很大，但宋代每座皇陵中石像生的数量、形制和尺寸却比较近似、统一，这点也与隋唐以前的朝代有很大的不同。宋朝统一的石像生制度也为后来明朝的石像生制度所采用。

南宋时候，诸帝因都怀有将来归葬中原的心愿，所以陵墓建制更为简单些。在今绍兴有南宋各皇帝的陵墓，很具有临时性。比如，陵墓设有上下宫并且串联在了一条轴线上，将梓棺藏于上宫献殿后面的龟头屋内，再以石条封闭，叫做"攒宫"，这种攒宫经过演变后来成为明清皇陵的明楼，而龟头屋则变为了宝城。

各外族政权统治区域的陵墓建设，总的来说是吸取汉制陵墓建造又具有本族的特点。以西夏国的王陵为例，其陵墓是依照宋陵的制度建造而成的，并且也按汉地之风俗以陵墓占地多寡、建制是否齐备、墓室装饰内容等来作为区分陵墓等

宋朝皇家陵墓建筑

级的标准。但在王陵各组成部分的位置构成和布局模式上也有党项族自身的特点。如采用夫妻合葬制而没有后妃的陵墓设置，也不设下宫等。而且由于西夏人以陵寝中间供奉神灵，所以王陵的主要建筑大都偏离中轴线，而把轴线部分让位给神，另外大概是受生产力水平所限，其工艺技术还没有达到宋代中原地区的水平，所以即使是王陵的基座、门阙、角门和其他建筑等大多采用夯土制成。

宋朝富商和地主的墓葬也非常有代表性，据现存墓穴中出土的明器显示，当时的住宅已经是前堂后寝的布局方式。当时富有人家的墓室都是以砖仿木的形式建造而成。有单身墓、合葬墓和分室合葬墓等多种类型，而且墓室也有单、多等不同形式，以及圆、方、八角等多种平面形状。在这些墓中还发现有砖雕的五铺作斗拱，墓壁上和建筑构件上都有五彩遍装的彩画，这些做法都是有违当时的建筑制度的。可见，在北宋后期建筑的等级制度已经被富人悄悄打破了。富人墓室砖雕的艺术性也很高，譬如仿木的门上的棂格花纹，在同一个墓室中就会有几种不同的图案，另外"妇人启门"等形式还是很有生活气息的。

墓室中的雕刻除了仿木构件以外，还雕有家具和墓主夫妇的形象等。在金代的墓室中砖雕技术非常高超，常有各种花形图案和人物故事等被雕于墓室内的砖上，后来发展到在墓砖上雕刻墓主人生前家庭的生活场景和活动。有的墓中雕刻装饰的面积还相当大，其中表现的建筑和人物众多，其雕刻的构图与内容都非常复杂，由此可见当时的雕刻工艺水平之高。

明十三陵

辽、金、元、明、清五代的都城均建在北京，但是建在北京的皇帝陵墓保存较好的只有明代。明代帝陵在北京的有十三座，所以称为明十三陵，位于北京北面的昌平县境内。十三陵陵地的景色优美壮观，四周群山环绕，山势高低起伏，山岭逶迤连绵。

山南有敞开的出口，山口处有龙、虎山如双阙呈犄角而立。整个十三陵区地形如马蹄。

长陵古建筑

在这个马蹄形区域的北部的中央就是长陵。长陵依山而建，这座山也就是天寿山，山名还是明成祖自己取的。长陵是明十三陵中的第一个皇帝陵，后来的十二座陵墓分别是献陵、景陵、裕陵、茂陵、泰陵、康陵、永陵、昭陵、定陵、庆陵、德陵、思陵。长陵在十三陵中居于核心地位，其他各陵环衬左右，形成了气势磅礴、恢宏壮阔的陵区总体。

长陵的前面设置了一条长十几里的神道，以石牌坊为起点，沿线设大红门、碑亭、望柱、石像生和棂星门。这条神道不仅是长陵的神道，也是整个陵区共用的唯一神道，它以少量的建筑控制了广阔的陵区空间，使陵区更具整体性。

1. 石像生

石像生在十三陵中是很特别的装饰物。石像生产生于汉代。产生的原因，据说是源于古时候的一个说法：有一种怪物叫作魍象，最喜欢吃的东西是死人的肝脑，当有死人被葬入墓地，只要送葬的人一离开，它就会美美地享用起死人的肝脑来。任何人都不想死后身体还受到如此的摧残，但又总不能让人夜以继日地守卫。后来人们知道了魍象的一个弱点，那就是它非常害怕老虎和柏树。于是人们便在墓地栽植柏树，并在墓前设置石雕的老虎，这就是最初的石像生。

虽然传说并没有什么现实的根据，但后来的陵墓前设石像生的做法却流传下来，并且还有很大的发展。从唐陵到宋陵都有石像生存在。到明朝的时候，石像生已经有大象、狮、骆驼、麒麟、獬豸、马等几十种真实或传说中的动物形象了，甚至还有一些石人的形象。

十三陵神道上的石像生共有18对，包括24个动物石像和12个石人形象。12个石人中，勋臣两对、文臣两对、武臣两对，都是站像；而24个石雕动物则是狮子两对、獬豸两对、骆驼两对、麒麟两对、大象两对、马两对，六对站立、六对坐卧。石人和动物石像均对称排列在神道的两边，其中最大的形象是石骆驼和石象的立像，连基座算在内达30多立方米。

这些石像生的形象在皇帝陵墓前，阻挡魍象的意义就小得多了，主要是起装饰与象征作用。装饰自不必说，象征什么呢？很容易想到，象征着帝王生前的仪卫。文武大臣的形象立于陵墓前，正如皇帝生前高坐金銮殿一般，居高临下，主宰一切，面前文武群臣两厢侍立。不同的动物形象，立于墓前，

各有作用。狮子和獬豸是陵墓的守卫者,狮子是山林中的百兽之王,威严凶猛;獬豸则是传说中的一种异兽,头上长着一只角,它能辨善恶,见到好人与坏人争斗,它就会用角顶触坏人。马、象、骆驼是坐骑,也是仪仗中不可缺少的。麒麟是传说中的一种灵兽,表示祥瑞。十三陵的石像生不但体积很大,而且造型精巧、雕刻生动。

2. 陵墓

十三陵陵区的总面积约40平方千米,从永乐七年(1409年)建长陵起,至思宗十七年(1628年)崇祯葬入思陵止,前后历经200多年。

长陵分前后三进院落,三院同宽,外围高墙环绕。陵门内第一进院落极浅;第二进院落为纵长方形,是三院中最重要的一进,由院门祾恩门进入,则可见其主体建筑祾恩殿。

祾恩殿的形制等同故宫太和殿,重檐庑殿顶,面阔九间,开间比太和殿少两间,但却比太和殿还长,只是进深较浅。殿内有32根上等的金丝楠木大柱支撑殿顶,最大的直径近1.2米,高12米,各柱皆用本色,素雅朴实。大殿坐落在三层石制台基上,上有石栏。从尺寸上说,祾恩殿是中国现存第二大殿,是中国建筑中的精粹作品之一。

祾恩殿北,是第三进院的大门内红门,门内院中的轴线上建有单间牌坊,坊北有放置石香炉等供具的五供桌。再往后,就是方城明楼,方形石台上建筑明楼,内立大碑,做碑亭用。方明城楼后为宝城宝顶。宝顶下面就是埋葬帝王的墓室,也称地宫。

明楼与祾恩殿是长陵建筑区的两个高潮,两者呈对比之势,祾恩殿为木制结构,体形横向而长;方城明楼为砖石结构,体形纵向而高。

长陵建筑不多,但处理巧妙,颇有层次,因而显得丰富。陵内遍植松柏,更衬托出陵墓肃穆、庄严的气氛。

献陵是十三陵中的第二座陵墓,埋葬的是仁宗朱高炽和皇后张氏。朱高炽是明成祖朱棣的长子,在位仅一年。仁宗在位时并没有为自己建筑陵墓,而是在他死后,由他的儿子宣宗为他修建,是为献陵。

献陵的始建时间是洪熙元年(1425年)六月。它的构建在形式布局上与长陵大体相仿,而形制上稍逊于长陵,以祾恩门为陵园入口的大门,省却了陵门,且祾恩殿的面阔只有五开间。献陵的总面积一万多平方米,仅为长陵的1/4还偏少，规模小，建筑也比较朴实简略。虽然他不像祖、父辈般是自己打天下，但毕竟也知道建国的艰难，所以在位时生活相对节俭，并在遗诏中要求自己的陵墓也从俭修建。

十三陵中除了最早的长陵外，就只有永陵、定陵和思陵没有建哑巴院，其余九陵均有哑巴院，献陵是首例。哑巴院就是人们进入宝城时，先从明楼的城楼下进入一个小院，小院的两侧有石阶通向宝城的城墙上。而不带哑巴院的陵墓，人们上宝城时从明楼外面两侧的石阶直接登上宝城的城墙。

此外，献陵宝城的形状建造成椭圆形，也是十三陵中的先例。而献陵最与众不同的地方，是在祾恩门之后有座小山。因为有了这座小山，内红门与明楼都只好退到山后面了，献陵被它分为前后两个独立的部分，前以祾恩殿为主，后以方城明楼为主。之所以有这样的建法，是由于建陵时不敢动龙脉的缘故。长陵宝城后面的山体有一支向西南伸出，恰横贯于献陵中部，据风水所说，至尊至贵之砂是不可削减尺寸的，所以只能越过龙砂建祾恩殿部分。

景陵是明十三陵中的第三座，埋葬着宣宗朱瞻基和皇后孙氏。景陵始建于宣德十年（1435年）正月，五月号景陵，六月葬宣宗于此。朱瞻基是仁宗朱高炽的长子、成祖朱棣的长孙。他与仁宗共在位11年，但在生活上与其父一样崇尚简朴，不求奢侈，所以史称他们父子当朝治国为"仁宣之治"。

裕陵是明十三陵中的第四座陵墓，是英宗朱祁镇为自己所建的陵墓。此时，明朝已走到了第五代，皇帝大多已不知祖辈建业创国的艰难，整日在宫中，生活养尊处优，因此一反祖、父的简朴节俭，而变得荒淫奢侈起来。由英宗始，宪宗朱见深的茂陵、孝宗朱祐樘的泰陵、武宗朱厚照的康陵、世宗朱厚熜的永陵、穆宗朱载垕的昭陵、神宗朱翊钧的定陵、光宗朱常洛的庆陵、熹宗朱由校的德陵，可以说是一个比一个建得富丽堂皇、规模庞大，特别是永陵和定陵。永陵是十三陵中最为壮丽华美的一座陵墓，它在建筑尺度上居于十三陵的第二位，仅次于长陵。

思陵是明十三陵中的最后一个陵墓，是明朝最后一个皇帝崇祯朱由检的陵墓。思陵与其他十二陵相比，真是简陋寒酸至极。当然，作为亡国之君，陵墓如此简陋，也是合情合理的。

思陵原本是朱由检为宠妃田氏所建之墓，崇祯死后，李自成下令将他和皇后周氏掩埋，因为现建坟墓从哪方面说都是不可能的，所以就势将田妃墓启开，葬入即罢。满族入关后，为了缓和民族矛盾，于顺治十六年（1659年）在朱由

检的墓前修建了明楼及享殿三间，并立了碑记，筑了围墙，称思陵。

虽然在辽、金、元、明、清五代的皇帝陵墓中，只有明代的保存得较好，但辽之前的唐代陵墓，也有较多遗迹保存，特别是石雕，从遗址上看陵墓的气势与规模，更是不逊于明十三陵。

清朝陵墓

清朝的皇帝陵墓基本上承袭了明朝的布局和形式，但后死的后妃在帝陵旁另建陵墓，与明代帝后合葬制度不同，同时分别隔代埋葬于河北省遵化县的东陵和易县的西陵。

"圣天子孝先天下，首重山陵。"在历代帝王的心目中，陵寝是至高无上、神圣不可侵犯的圣地。清朝自皇太极建立以来，历经296年，先后开辟了三处皇家陵园，即关外三陵、清东陵和清西陵，共建有皇帝陵12座、皇后陵7座、妃园寝10座。在陵区外围还建有王爷、公主、大臣、保姆等大量陪葬墓。

这些皇家陵园，规模宏大，体系完备，富丽堂皇，是我国古代劳动人民智慧和血汗的结晶。从陵寝的营建、帝后妃的葬礼中，我们可以透视到当时的宫廷斗争、财政状况、官员升迁、宫闱秘事、典章制度、丧葬礼仪、建筑规制的一些侧面。因此，陵寝不仅是清宫史研究的重要内容，也是清史研究的重要实物资料。

关外指的是山海关以外。关外清陵具体指今辽宁省新宾县的永陵、沈阳市东郊的福陵、沈阳市北郊的昭陵以及辽阳市东郊的东京陵。前三陵称"盛京三陵"，也称"关外三陵""盛京祖陵""清初三陵"。

关外陵寝埋葬的都是清入关以前的皇帝及其后妃，其中有的是被追尊的帝、后。在这些陵寝旁也建有许多陪葬墓。由于都是始建于入关之前，年代较早，所以颇具特色，对于研究清初历史弥足珍贵。

1. 关外三陵

清永陵：始建于1558年，初称兴京陵。1659年，改称永陵。至今已有400余年的历史。陵内葬着努尔哈赤的六世祖猛哥帖木儿、曾祖福满、祖父觉昌安、父亲塔克世及伯父礼敦、叔父塔察篇古。1648年，清世祖福临追封猛哥帖木儿为"肇祖原皇帝"、福满为"兴祖直皇帝"、觉昌安为"景祖翼皇

清永陵牌楼

帝"、塔克世为"显祖宣皇帝"。康熙、乾隆、嘉庆、道光等皇帝曾先后九次来永陵谒陵祭祖，使永陵祭祖活动成为清代的国家大典。

清福陵：始建于后金天聪三年（1629年），竣工于清顺治八年（1651年），经康熙、乾隆两帝增建，方具今日规模。陵内葬有清太祖努尔哈赤及其皇后叶赫那拉氏。此陵面傍浑河，背依天柱山，水绕山环，草深林密，景色十分清幽，其布局与昭陵如出一辙。

清昭陵：始建于清崇德八年（1643年），竣工于顺治八年（1651年），后经康熙、嘉庆二帝增建，才成今日规模。陵内葬有清太宗皇太极及其皇后博尔济吉特氏。昭陵不是依山傍水，而是直接建在平地上。四周护以缭墙（围墙），极似一座小城。

 2. 清东陵

清东陵坐落在河北省遵化市马兰峪镇以西的昌瑞山一带，西与天津市的蓟县为邻，北与承德地区的兴隆县接壤。清东陵是清王朝在关内营建的第一座皇家陵园，也是清王朝三大陵园中最大的一座。清东陵是一块难得的"风水"宝地。北有昌瑞山做后靠如锦屏翠帐，南有金星山做前朝如持笏朝揖，中间有影壁山做书案可凭可依，东有鹰飞倒仰山如青龙盘卧，西有黄花山似白虎雄踞，东西两条大河环绕夹流似两条玉带。群山环抱的格局辽阔坦荡，雍容不迫，真可谓地臻全美，景物天成。当年顺治到这一带行围打猎，被这一片灵山秀水所震撼，当即传旨"此山王气葱郁可为朕寿宫"。从此，昌瑞山便有了规模浩大、气势恢宏的清东陵。

 3. 清西陵

清西陵是清朝帝王两大陵寝之一，位于河北省易县城西15公里处的永宁

山下，离北京 120 多公里。周界约 100 公里，面积达 800 余平方公里。这里北依峰峦叠翠的永宁山，南傍蜿蜒流淌的易水河，古木参天，景态雄伟。雍正八年（1730 年）选此为陵址。雍正的陵址本来是选在清东陵九凤朝阳山，但他认为"规模虽大而形局未全，穴中之土又带砂石，实不可用"，因而将原址废掉，命另选"万年吉地"。选陵址者奏称，易县永宁山下是"乾坤聚秀之区，阴阳汇合之所，龙穴砂水，美不胜收。形势理气，诸吉咸备。"雍正皇帝览奏后十分高兴，也认为这里"山脉水法，条理详明，洵为上吉之壤"。自此，清各代皇帝便间隔分葬于遵化和易县东、西两大陵墓。

清西陵自雍正八年（1730 年）首建泰陵，至公元 1915 年光绪的崇陵建成，历经 186 年，共建有皇帝陵 4 座，即雍正帝的泰陵、嘉庆帝的昌陵、道光帝的慕陵和光绪帝的崇陵，皇后陵 3 座，分别为孝圣宪皇后的泰东陵、孝和睿皇后的昌西陵、孝静成皇后的慕东陵，王公、公主、妃嫔园寝 7 座，埋葬着雍正、嘉庆、道光、光绪 4 位皇帝，9 位皇后，56 位妃嫔及王公、公主等共 80 人。建筑面积达 5 万多平方米，共有宫殿 1000 多间，石雕刻和石建筑 100 多座，构成了一个规模宏大、富丽堂皇的古建筑群。清西陵是全国重点文物保护单位。2000 年 11 月，清西陵与清东陵一起，被第 24 届世界遗产委员会列为世界文化遗产。

知识链接

黄帝陵

黄帝陵位于陕西省延安市黄陵县城北的桥山之巅。陵区景色迷人，山麓有建于汉代的轩辕庙，庙东侧碑廊珍藏历代帝王御制祭文碑 57 通，现又新增香港、澳门"回归纪念碑"。陵、庙所在地桥山现有千年古柏 816000 株，是我国最大的古柏群。庙内有相传黄帝手植柏，高 20 余米，胸径 11 米，苍劲挺拔，冠盖蔽空，是我国最古老、最大的一株柏树。

第三节
陵墓建筑趣话

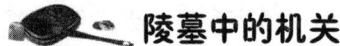 **陵墓中的机关**

古代帝王的陵墓，建成之后往往会将修建的工匠杀死，或者直接将其封闭在坟墓之中，这样做的目的一是用作祭祀，二是中国人讲究入土为安，处死工匠以防盗墓。帝王权贵的墓室内有众多的珍贵陪葬品，这自然会引起盗墓贼的兴趣。杀死工匠也是为了防止陵墓里面的构造为外人知晓，从而杜绝墓葬被盗。

除了杀死工匠外，古代陵墓还有一个非常重要的防盗方法，那就是设计有众多的机关，以防止外人入侵。那么，这些精心设计的机关是什么样的呢？

中国古代，除了少数朝代外，不仅皇家崇尚厚葬，墓中放置大量的陪葬品，很多王侯将相以及家庭殷实的普通人家也都喜欢在亲人去世后，在墓中埋入逝者生前喜欢的物品陪葬。这一方面是对死者的尊敬，另外也是生者希望把死者生前的富贵带到地下继续享受。

古代为了防止陵墓被盗，可谓手段众多，且非常高超。人们在设置机关时，已经充分考虑到盗墓者可能进入陵墓的路线，及其进入陵墓后的心理，机关普遍设置在这些人的必经之路上。据总结常用的防盗方式主要有：加固陵墓中的墓室

帝王陵墓的建筑

第三章 古代陵墓建筑

与棺椁,依山建造陵墓,甚至是挖山建陵,在墓室中设置诅咒,藏匿埋葬地点,设置少放陪葬品的假坟,设置弓弩、陷阱等。还有比较复杂的方式如设置流沙,进入墓室的盗贼会被活活压死;设置暗器与翻板;还有的在墓室内放置有毒的物质等。同时,帝王陵墓会有专门的守陵人,这也在一定程度上减少了盗墓的发生。

民国时期,有人在山东青州地区发现过一个比较大的陵墓。在墓道中,人们发现了一个带轴的翻板,翻板下方设置了深坑。当人们把里面的水抽干后,发现下面布满了利刃,如果有人进入墓道,经过翻板的时候就会失去平衡,掉进深坑被利刃刺死。现场的考古发现证实,坑中有两具尸骨,一仰一合,身边还有盗墓工具,可见他们是走到此处中了机关,丢了性命。不过,这座墓依然被盗了,墓的旁边有两个梯子,后来的盗墓者从此处绕过了机关,深入墓穴,将珠宝等一尽盗走。

当然,陵墓机关中不乏设计得非常复杂的,甚至是连环机关,"牵一发而动全身",当看似躲过第一层机关的时候,紧接着第二层机关又来了,致命的伤害一个接着一个,难以躲避,如连环的弓弩、连环的陷阱等等,只有设计者知道其中的详细设置,外人进入墓中,是很难活着出去的。

目前,很多大墓依然没有被打开,比如秦始皇陵、唐代的乾陵等。这些已知的、保存相对完好的帝王陵墓中是否也机关重重,是人们一直猜测、谈论的话题。例如秦始皇陵墓里的弓弩到底是如何安置的?其中的水银江河是什么样的?

从秦俑坑里出土的弓弩来看,其威力之大,射程可达 800 米,而弓的张力足有 350 千克。这种威力巨大的弓弩被设置在墓门、墓道里,能够对闯入者以致命的打击,从而保护陵墓里的尸身及陪葬品。

墓前的 "无字碑"

在我国陕西省乾县北面梁山上,有一座我国唯一的古代帝王夫妇合葬墓穴,这就是赫赫有名的武则天和她的丈夫唐高宗的乾陵。

说起乾陵,高高矗立的武则天"无字碑"让人印象深刻。据清乾隆年间的《雍州金石记》记载:"碑侧镌龙凤形,其面及阴俱无字。"对于"无字碑"因何无字,依然如谜。究竟武则天想要表达什么?为何立碑却不留字呢?

关于武则天的"无字碑"无字的原因,历史上有五种说法:

第一种说法是说武则天觉得自己功劳太大,以致无法用语言表达了;

第二种说法则相反,认为自己罪孽深重不能说了;

第三种说法是自己不便评价自己,留给后来人评论自己的是非功过;

第四种说法是因为她当过皇后和皇上,不能给自己一个具体的定位,所以就不刻碑了;

第五种说法是人们传说她信佛,而佛教讲究万事皆空,所以碑不留字。

不过,这些都是人们主观猜测的,谁也没有确实的证据来证明这几种说法哪种更准确,所以,"无字碑"还是一个谜。

相对来说,还有另外两种说法听起来让人较为信服。

第一种说法是,武则天死后,她的儿子中宗李显不能公开去埋怨自己的母亲,又不想为自己的母亲歌功颂德,况且朝臣中对武则天的一生也是议论纷纷,没有了主意的李显最终决定干脆不给母亲刻字了,立一个无字碑。而且,当时的政治局势也颇为混乱,实在没时间去考虑这个复杂的问题,所以就留下了一个空碑。

还有另外一种说法是,碑上本来刻上了字,只不过后来李唐子孙恢复了权力后,实在气愤不过,又硬生生把字给抹平了,人为改成了无字碑。

那么,古人为什么要在墓前立碑呢?这块特殊的石头有什么来历吗?

我国古人去世之后,后人往往都会立下一块石碑,不管有字无字,是一种纪念形式,一直延续到今。

其实,最早的石碑并不是用来刻字的,主要是用来将棺材放入墓穴,材质也不是石头,而是木头。最初,为了将棺材放入墓穴,就在墓穴两旁立上两个木柱,木柱上有两个孔,称为"穿",然后从这两个孔中间穿过一根木柱,绕上绳子,下葬时,将棺材引入墓穴,然后将木柱或埋进墓穴,或立于墓的旁边。春秋时期,这些木柱的数量是有不同的,天子比较多,达到了四根。而到了战国时期,周天子开始用石碑。战国末期,诸侯也开始用石碑,不过功能仍然未变,还是与原来相同,并不刻字。等到了汉代,石碑上开始刻字,以纪念死去的人,从此,就逐渐演变成墓碑,并开始成为一种固定的形式。

关于树碑,也有很多的讲究。其一,中国古人认为风水、朝向和时间很重要。其二,安葬的时候,是先下葬后树碑。这也是有原因的:一是防止树

碑后地面陷落，二是给家人留出写碑文的时间，就连帝王之家也是这样的，例如康熙皇帝下葬五年后，后人才在他的陵寝前立碑。

在墓碑制作的时候，也会受到传统风水之说限制，人们往往用"风水尺"来裁定，而南方则有的用"丁兰尺"来裁定。其实，无论如何裁定，都是后人们图一个吉利而已。往往不同的尺度就代表了不同的含义，如平安、富贵，等等。值得一提的是，神道碑也是一种墓碑，始于汉代，至六朝时，天子和诸侯可立神道碑，后来，普通官吏也被默许使用。它立于陵墓神道上，用于记载死者的生前事迹。

 **墓而不坟**

中国传统丧葬是实行土葬，土葬必有坟墓。但是"坟"和"墓"最早不是一回事，在我国上古时期，古人崇尚"墓而不坟"。这是什么意思呢？它是指按照古礼，将死去的人入土后，并不筑起坟头，即只墓不坟。《礼记·檀弓上》引用孔子的话说"古也墓而不坟"。郑玄对这句话的注释是："墓为兆域，今之封茔也……土之高者曰坟。"实施土葬，要把死者安放在棺木中，然后把棺木埋入土穴，埋棺之处叫做墓，也叫做茔，墓地范围以内叫兆域。在墓地埋棺之处地面上堆土成丘，叫作坟，也叫作冢。也就是说，墓指平处，坟为高处，所以汉代学者特别提到"葬而无坟谓之墓"。《易·系辞下》还记载：上古墓葬"不封不树"，就是说墓地没有坟堆，也不栽树做标记。这样的制度有一个弊端就是，先人去世后，后人不容易找到墓地。当年的孔子就遇到了这样的难题。

孔子十六七岁时，母亲颜征去世了。孔子非常崇尚礼仪，他决定按照古礼将父母合葬。但是，父亲叔梁纥去世时，孔子才3岁。他根本不知道父亲葬在哪里，而母亲生前也没有告诉过他。

于是，孔子遵照古礼，将母亲的棺柩暂厝在"五父之衢"（即一处叫"五父"的十字路口）。他开始四处打听父亲的确切葬址。不久，陬地的一位车夫的母亲特意赶到阙里，将她所知道的叔梁纥的葬处告诉了孔子。孔子在老人的指点下，将母亲与父亲合葬在一起。具体位置是在曲阜城东13公里处的防山北麓，后世人称作"梁公林"。

因为费尽心力才找到父亲的葬地，孔子不想日后再费力寻找父母的墓地，

曲阜孔林石刻

于是他依照其他地方的习惯，在墓上堆起一个坟头。从文献记载来看，中原地区的土丘坟在春秋中期已经出现，并有了一定程度的流行。《礼记·檀弓上》记载孔子去世后，有人从燕国赶来观摩葬礼。孔子的弟子子夏对客人追述了孔子生前的一段话："吾见封之若堂者矣，见若坊者矣，见若覆夏屋者矣，见若斧者矣。从若斧者焉，马鬣封之谓也。"也就是说孔子曾经见到过四种不同形状的土丘坟：坟头有的呈四方形高高隆起，就像堂基；有的狭长陡峭而上平，就像堤坝；有的宽广低矮，中间稍高，就像覆盖的门檐；有的薄削而长，就像斧刃。像斧刃的那种，俗名又叫马鬣封，因其形状与马颈上的鬣毛相似。孔子是主张把坟头修得像斧刃状的，可能因为这种坟头最省时省力。

孔林作为现今保存最好的宗族墓地，之所以有今天的规模，与历代帝王对孔子的尊崇有关。同时，随着"墓而不坟"制度的打破，坟堆的大小、形状逐渐被赋予了等级内涵。

到了秦汉时期，"墓而不坟"的习俗彻底结束，所有的墓地都是有墓有坟，并且栽有树木。东汉桓帝永寿三年，鲁相韩敕修孔墓，在墓前造神门一间，在东南又造斋宿一间，以吴初等若干户供孔墓洒扫，当时的孔林"地不过一顷"，规模仍然不是很大。到南北朝时期，开始在孔林植树，达到了600棵。时间推移到了宋朝，先是在孔子墓前修建了造石仪，又给孔林修建了林墙，将整个孔林围了起来，然后在林墙之上开了墙门，方便进出。到了明朝时期，孔林再一次扩建，达到了3000亩。而到了清朝，政府专门拨了专款进行修建，并且还专门派了官员来此守卫。

孔林到底经过了多少次大修呢？据统计和记载，从汉代开始，孔林一共被重修过13次，扩充种植树木5次，而扩大林区则有3次。到达了现在的规模，整个林墙达到了7.25公里，而面积则有2平方公里，它比曲阜城还要大。

从曲阜城到孔林首先要经过的是神道，道中巍然屹立着一座万古长春坊。

第三章 古代陵墓建筑

这是一座六楹精雕的石坊,其支撑的六根石柱上,两面蹲踞着 12 个神态不同的石狮子。而从至圣林门,往西走大约 200 米,就来到了一座雕刻精美的石坊。这里是洙水所在,人们为了纪念孔子,便在河水之上修建了坊和桥,桥上的雕刻极为精美。

整个孔林的建筑构造为,中间以坟墓为主,周围主要是树林,林子里面的一些比较有艺术特色的建筑都掩映在绿树中间。人们置身孔林,感受到的是流淌千年的文化之水。

"东方金字塔"

在我国历史上,南宋、金对峙的时候,西方还有一个少数民族建立的封建政权——西夏王国,它存在了近 200 年的时间,一共传了十代皇帝。在如今贺兰山下的西部荒漠地带,有一片神秘的古代建筑群,这就是西夏王陵,它们享有"东方金字塔"的美誉。这群古代建筑是 20 世纪才被发现的。

1972 年 6 月,在宁夏的贺兰山下,甘肃兰州军区某部正在加紧修建一个军用飞机场。在紧张的施工过程中,士兵们突然用挖掘机挖出了十几件古代的陶制品。这些陶制品里面有被破损的陶罐和一些方方正正类似砖的东西。更为奇特的是,在这些砖上面,还刻着一些大家不认识的方块字。

战士们不敢怠慢,马上将这件事报告了部队的首长。首长立即命令停工,然后紧急赶到了银川市,把挖掘出来的物品交给了当时博物馆的考古人员。经考古人员鉴定之后,他们认为这些被挖掘出来的物品很可能是西夏文物,砖瓦上的文字疑似西夏文。

这个重大发现驱使考古人员们马上来到了现场,准备进行抢救性挖掘。很快,一个墓室出现在众人面前。经过专家们的研究,证实了瓦砖上的文字就是西夏文。对于突然消失的西夏文明来说,这无疑是一个好消息。考古人员们继续进行探索。最终,让人欣慰和震惊的是,他们在贺兰山脚下的一片荒无人烟的荒漠里,找到了一座西夏王陵。这些类似于埃及金字塔的古代神秘建筑,让人们重新看到了昔日辉煌的西夏王朝的身影。到 20 世纪末,人们已经发现了 9 座西夏帝王陵墓,另外还发现了 253 座陪葬墓。

虽然西夏王陵发现的时间比较晚,但是人们还是从它的遗迹上看到了当时西夏政权在建筑上的一些特色。

西夏陵园

西夏王陵建筑群在我国宁夏回族自治区银川市西面大约 30 公里的地方，贺兰山的东麓，占地面积达 53 平方公里，其规模之大、保存之好，被人们称为"东方金字塔"和"神秘的奇迹"。发现这些陵墓之后，考古人员根据发现的顺序给这些陵墓都编上了号码，如西夏陵墓一号、二号等。

西夏王陵千百年来也屡遭毁坏，但从目前遗存下来的文物仍可以看出西夏王陵建筑的独特风格，它不仅体现出强烈的党项族文化特征，还吸收了中原文化与佛教文化的一些建筑元素，使西夏王陵具有了更多神秘的色彩。同时，布局上也呈现出独特风格。西夏王陵虽也是按照时间顺序或者帝王辈分由南向北排列，然而，如果从空中俯视西夏九座王陵就会发现，它们的分布竟然与北斗七星图极其相似。不仅如此，如果你单独看八座王陵的分布，又和道家文化中的八卦图近似。难道说，古老的党项族人也崇拜八卦、相信风水吗？这是一个尚难以破解的谜团。

西夏陵园是仿照宋陵建造的，但又保留了少数民族和地理上的特征。西夏王朝比较重视佛教。以三号陵为例，陵城和角阙形制有西夏特点。它的陵墙为夯土墙，整个墙体竟然接近一个正方体，底部宽达 3.5 米，而高度则没有超过 4 米的，墙体收分不大，内外的出檐为 0.5 米，这样的设计使得墙体能够尽量少受雨水的侵蚀。另外，在墙的最外层又涂抹上了一层几厘米厚的草秸泥，再用细泥红墙皮进行装修，然后在墙体的最顶端铺上瓦，而滴水、瓦当则都有精美的图案。内城角阙是用五版或七版连续外弧的夯土墙夯筑而形成的相互连续的圆形夯土墩台。当时的建筑者们都用包砖将角阙和门阙的塔基和塔身包了起来，包砖错缝平铺，逐级收分，平均每层收分 1～1.2 厘米，这样，非常有力地保护了内部结构。另外，通过考古学家们的探索研究，发现这些包砖至少达到了 2.2 米，而从各种各样的证据来看，角阙上方应该是一个塔式建筑，大概是一些佛塔，这也符合当时西夏国家政权的信仰。而从整体来看，王陵群和佛塔相映，格外肃穆庄严。西夏王陵不愧是一个在荒漠建造的"神秘奇迹"。

第四章

古代宗教建筑

  宗教建筑是有灵魂的,其神秘而不可言说的魅力往往使步入其中的人们叹为观止,甚至会被一种强大的精神力量所折服。宗教建筑像一个巨大的容器,将望道者置入其特有的气氛控制之中,有一种令过门而入者心绪平静甚至愿归属其中的力量,这种力量,就是宗教建筑撼人心魄的感召力。

第一节
历代宗教建筑

 **两晋与南北朝宗教建筑**

　　这一时期，全国各地建造了很多的塔。塔的概念和形制，起源于印度的窣堵坡。窣堵坡是为藏置佛的舍利和遗物而建造的；是由台座、覆钵、宝匣和相轮四部分所构成的实心建筑物。但是从公元前2世纪起，窣堵坡的台座逐步增高，相轮加至三个。到公元1～2世纪，犍陀罗贵霜王朝的窣堵坡下部承以方台，原来覆钵下的台座发展为三四层的塔身，上部相轮增至十一个，整个形体瘦而高，是一个巨大的改变。除了窣堵坡以外，印度早期佛教建筑中有利用传统的圆形小祠庙，内部安置窣堵坡，作礼拜和供养对象的，称为支提（或制多）。这种支提在孔雀王朝末期发展为前方后圆的纵长平面，或前后二室，以走道相连。而犍陀罗遗迹中则有平面方形、上加圆顶、内供奉佛像的支提，形状很像单层小塔。此外，印度3世纪时还出现了和婆罗门教的天祠相类似的密檐塔，平面方形或亚字形，玄奘的《大唐西域记》称它为大精舍。中国的塔虽然仍藏舍利，但塔的功能、结构和形式，结合中国建筑的传统，创造了中国楼阁式木塔，塔内不但可以供奉佛像，还可以登临远眺。原来的窣堵坡缩小了，安置于塔顶之上，称为刹。刹既具有宗教意义，同时对塔的形象又发挥了装饰的作用。支提和大精舍两种形式的塔传入中国后，与中国建筑的传统手法相结合，创造了单层的和密檐的两种形式的塔。

　　石窟寺是这时期佛教建筑的一个重要类型。它是在山崖陡壁上开凿出来的洞窟形的佛寺建筑。虽然石窟寺的概念源于印度，随同佛教的传入而出现，但在中国开凿山崖并予以建筑手法的处理，从汉代的崖墓开始已具有悠久的

传统。所不同的是，崖墓是封闭的墓室，而石窟寺则是供僧侣的宗教生活之用。

南北朝时期，凿崖造寺之风遍及全国，如云冈西部五大窟与龙门三窟是为北魏皇帝祈功德而建的，北响堂山石窟则是北齐高欢的灵庙，其他大小统治阶级也凿崖造

云冈石窟

寺，因而西起新疆，东至山东，南至浙江，北至辽宁，都有这时期留存至今的石窟。这些石窟寺的建筑和精美的雕刻、壁画等是中国古代文化的一份宝贵遗产。

南北朝时期最重要的石窟有山西大同市的云冈石窟，甘肃敦煌县的莫高窟，甘肃天水县的麦积山石窟，河南洛阳市的龙门石窟，山西太原市的天龙山石窟，河北邯郸西南的峰峰矿区鼓山上的南北响堂山石窟等。除了敦煌莫高窟和洛阳龙门石窟在隋、唐以后相继大量开凿外，其余各处的主要石窟多是公元5世纪中叶到6世纪后半期约120年的时间内所开凿的。

隋唐宗教建筑

隋唐时期是中国宗教发展的重要时期，由于统治者对宗教信仰的大力推崇，使宗教建筑成为当时建筑的一个重要组成部分。尤其是佛教，此时的佛教已不是外来的宗教，它已经成为饱含中国文化和风俗的中国式佛教，无论国家还是民间都积极致力于佛教建筑的建设。

我国的佛寺与西方宗教建筑清冷严峻的风格截然相反，它兼具宗教中心和公共文化中心的双重作用，不仅在平时朝拜信徒众多，而且还经常有歌舞和戏剧的演出，加上寺院大多有雄厚的经济实力，所以当时建造的各种佛教建筑在数量和规模上都大得惊人。比如在一些里坊和村落之中虽然只有佛堂以供参拜，但因为佛堂对应的居民有时也多达500户，所以即使是佛堂建筑通常也具有一定的规模。佛教及其相关建筑的兴盛连带了同期与其相关的附属艺术也都具有很高的水平。唐代佛寺的另一个重要特点是，不仅与社会的层次相对应有等级的差别，而且寺院在性质上也有官、庶的分别。

此后由于佛寺无度地发展，影响了国库的财政收入，所以在唐武宗（841—846 年）和以后五代的周世宗（921—959 年）时期先后进行了两次大规模的镇压佛教的运动，佛教徒对此称之为"灭法"。这两次运动虽然时间短暂，而且很快就恢复了原来佛寺的香火，但灭法运动不仅终止佛教活动，而且也强行摧毁佛教建筑。因此这两次"灭佛"运动对于隋唐五代的佛寺、殿塔建筑造成了灾难性的破坏，以至于唐代的建筑留存至今的只有4 座木构佛殿和不多的砖石塔而已。

从敦煌壁画中我们可以清楚地看到，隋唐寺院的布局依然遵照前朝的传统，即佛寺仍旧以多层楼阁为中心，平面布局模式也同样由殿、堂、门、廊四面围合组成庭院作为建筑组群的一个单元，再以若干个单元组合后的建筑群体构成寺院。有的寺院规模较大，可由数十进院组成。

唐代的佛寺无论从建筑、雕刻、塑像、绘画等几个单方面来说，还是从这几个方面的结合上来说，都有很大发展。但木构殿堂建筑留存到现在的只有几座，它们都位于山西，按年代顺序依次为五台山的南禅寺大殿（建于 782 年）、佛光寺大殿和平顺天台庵（建于 907 年）。

隋唐时期，塔虽然已经不是佛教建筑组群的中心性建筑了，但祈福建塔仍是佛教建筑活动不可或缺的一部分。所以与存留至今的那一时期稀少的佛寺相比，佛塔无论在数量上还是在形式上都可以说是比较多的。僧侣墓塔的建造在隋唐也十分普遍，而且多采用砖石材料，平面与外观的形式也很丰富多样。

佛塔在造型上以楼阁式塔、密檐式塔、单层塔为主。塔的平面除极少数的特例外，平面都是方形的。修建佛塔的材料虽仍以木材和砖石为主，但由于木构架的塔易于损坏，所以用砖石代替木材建塔，并模仿木塔的形式，也就成为了一种必然的趋势。楼阁式砖塔的外观主要是以砖叠涩出檐，并隐出柱、额的仿木楼阁式样；还有现存的一种亭阁式砖塔，均为一层，有的在顶部设有一个小阁，其平面虽仍以方形居多，但也出现了六角、八角和圆形的样式。凡是内部可以上去的砖塔，内部往往是用木板为隔层，不是整体都用砖砌成的。

位于今陕西境内的一座楼阁式的砖塔，是我国佛教史上著名的高僧玄奘（602—664 年）法师的墓塔，也是我国古代体量最大的墓塔。塔平面是方形，高五层，全部用砖砌成，在最底层辟有拱门和龛室用作供奉之用。这座塔是

第四章 古代宗教建筑

典型的仿木结构。除第一层经后代修缮已呈平素的墙面外,以上每层都用砖砌成八角柱倚柱状,倚柱上隐起额枋、斗拱,再在斗拱上伸出的两道菱角"牙子"上叠涩出较长的檐。塔整体比例匀称,且收分显著,是中国现存楼阁式砖塔中年代最早且形制简练的代表作。著名的西安慈恩寺大雁塔也是那个时期建造的楼阁式砖塔,用于存放玄奘法师从印度带回的经书,原有五层,武则天时期曾倒塌过,重建后高十层,后只剩七层了。现在的大雁塔在明代万历年间(1573—1620年)重修过,已不是原来的模样了。

大雁塔

唐朝所遗留的单层式塔大多也是木塔,有石造也有砖造,但尤以位于河南省登封县城的八角形净藏禅师塔为代表。因为其八角形平面的造型可以说是开后世盛行的八角形平面塔的先河。这座塔建于唐天宝年间(742—755年),是现存八角形平面砖塔中最早的一座。虽然在两个世纪以后,八角形平面的塔成为最普遍的塔形,但在塔普遍以正方形为平面的唐代,还是十分罕见的。

总之,唐代的塔以正方形平面为主要形式。塔的各层屋檐都向外平缓地出挑,而且出檐的尺度较大。塔底部往往有较大的三层基座,每面基座的正中设有一个拱起的,从侧面看是上凸的曲线形的像桥一样的坡道,联系地面和基座顶层。每层塔的平座(也就是围栏部分)下面有斗拱。塔的顶部有一个高大的塔刹。这种造型的三维参照物可以看陕西法门寺出土文物中的塔和日本早期的木塔。

凿制石窟寺在隋朝恢复,在唐朝更是达到了顶峰。其范围也在原有基础上扩展到了四川盆地和新疆地区。唐代主要是在敦煌和龙门两地开凿石窟。初唐多在龙门开凿,中唐开始在四川开凿,而对于敦煌石窟的开凿则一直没有间断过,并一直延续到了宋元时期。

因唐代帝王与老子同姓并尊其为祖,而且老子是道家的创始人,所以在唐朝道教是仅次于佛教的第二大宗教。由于天子的推崇,在唐朝,历代君王和大贵族也热衷于修建道观,甚至出家为道。可惜的是,现存的唐代道教建筑只有山西的芮城五龙庙,且殿内四壁装修及设像都已不是原来的风貌。从

它简单的歇山屋顶做法来看，建筑的等级应该不高，反映不出当时道观建筑的特点。

宋、辽、金宗教建筑

宋、辽、金时期，宗教建筑又有了新的发展，佛教的寺庙和塔被大量兴建，技术含量极高；道教建筑也有很大的发展，统治者掀起了数次兴建道观的营造高潮。此外，伊斯兰教的建筑也有兴起的迹象。

佛教仍是这一时期的主流宗教，佛寺在原有的以塔为主体的布局方式的基础上，又有了新的发展。还出现了以高阁为主体，佛殿和法堂在后面依次排列的布局方式；或者前面是佛殿、后面建高阁的布局方式；以及以佛殿为主体、殿前后建双阁的布局方式。另外出现了一种禅宗寺院的独特格局，称为禅刹制度，即在南北主轴线上依次布置山门、佛殿和坐禅室等主体建筑，也就是宗教的礼仪性建筑，再在其左右建设供僧人们日常活动的建筑，而这些建筑与其他库院又形成了东西向的轴线，使得佛殿正处于两条轴线相交的中心位置。

宋代官方对佛教的态度是双面的，既支持又反对。支持的一面，是因为统治者想利用佛教作为统治人民的工具，而且国家还能从中获得不少的经济利益。而佛寺也投其所好，使这时期的佛寺还兼以商贸活动，定期开放，热闹至极，失去了佛寺本有的庄重和肃穆；反对的一面，也是由于佛教要消耗国家大量金钱去维系，且有许多人只是为了逃避瑶役和刑罚而出家，以至无所顾忌，不守戒律，使得一时间僧俗不分。不但失去了宗教本身的意义，也扰乱了社会的正常秩序。所以宋代对佛教建筑非但不是特别热衷，还从多方面予以控制，制定了许多限制其发展的政策。

而在辽、金和西夏则又是另外一番景象。因为统治者的大力推崇，使得佛教在这些统治区重新拥有了它本身的宗教意味，也因此出现了大批的佛教建筑。

在宋朝，由于政府对寺院建设的冷淡，社会上出现了私建寺院的现象。尽管政府出台了各种限制政策，但佛寺的营造仍旧屡禁不绝。同时作为政府限制寺院规模法令的对策，此时还形成了"子院制度"，即修建小规模的寺院挂靠在大寺院名下，除向母院纳贡并接受统一的宗教活动外，小寺院在经济

和日常运作等各方面是各自分开和独立的。由于众多小寺院的支撑，使得当时的大寺院经济实力都非常雄厚，通常拥有众多的田地、庄园等。

佛教建筑的另一重要类型就是塔，两宋时期是砖石塔发展的高峰期，尤以楼阁式塔发展最为迅速，分布区域也较广。其中可分为以下几种形式：砖身，木檐木平座式的砖身木构塔；塔身、檐和平座都为砖式的塔；无平座的楼阁式塔；无柱额的楼阁式塔。密檐式塔平面主要是方形，且多分布在四川境内。此外还出现了一种在塔身处有花钵的花塔。

杭州雷峰塔

楼阁式砖身木构塔中较著名的有四座：苏州报恩寺塔（1153年重建）、虎丘山云岩寺塔（961年建）、杭州六和塔（1900年重建），还有已经倒塌的杭州雷峰塔。河南开封的佑国寺塔（1049年重建），因塔身由深褐色的琉璃砖所覆，色泽如铁又称为铁塔，也是那个时期颇具特色的塔。还有河北的开元寺塔（建于1055年），是中国现存最高的古塔，因为它地处宋辽边境，所以就兼具了宗教和军事的双重目的，因而也被称为"料敌塔"。密檐式塔的范本较少，但在云南大理，继唐朝的千寻塔之后，宋代又建造了两座小塔，都呈八角形平面，高十层，也反映了当地人们对密檐式塔的创新。

这时期最值得一提的是建于辽代的应县木塔（1195年建），又称佛宫寺释迦塔。这座木塔拥有我国古塔的数个第一：中国现存唯一的木结构塔，中国现存古塔中直径最大的塔，让我们为之骄傲的是这座木塔还是古代世界中最高的木结构塔。900多年的历史中，木塔历经风雨、地震和战争炮火的洗礼而仍然屹立，而佛宫寺中明清以前的其他建筑则无一留存。这座木塔充分显示了中国古代的高层木构建筑所达到的技术水平。

除佛塔外，还有一种伊斯兰教的塔，它就是位于广州的怀圣寺光塔。最晚在北宋末年已经建成，光塔又称邦克楼、宣礼塔，是供阿訇召唤礼拜之用，其形制是仿阿拉伯伊斯兰的建筑样式，十分具有研究价值。

北宋统治者因格外推崇道教，所以这时期也建造了不少道观。而且在以后也曾多次掀起增扩建宫观的高潮，并且这股风气就是在宋室南迁以后也还在继续，修建道观的活动可以说从未停止过。宋代道教建筑主要有下面几类：祭祀和供奉诸神的大殿；供道人修炼的斋馆；储藏道经的藏经殿或楼阁；宣讲道教的法堂；供贵宾食宿的客堂；以及进行斋戒活动的斋宫；等等。另外，道观中还大多附有园林等附属建筑。

明清宗教建筑

元代的佛塔除增加了喇嘛塔这一新形式外，其他式样的塔虽然仍有修建，但数量不多。明清两代也大量建造喇嘛塔，高层的砖塔则多为楼阁式，密檐塔很少见。

山西洪洞县广胜上寺飞虹塔建于明正德十年至嘉靖六年（1515—1527年），是一座典型的明代楼阁式砖塔。塔在寺的轴线前方，是就元代原址重建的。塔八角，外观13层，高47.63米，外壁用各色琉璃装饰。琉璃制的栏杆、天神、动物、斗拱等都极为细致华丽，是明代琉璃技术水平的重要标志。此外，南京报恩寺塔也是用彩色琉璃镶面的砖塔。此塔毁于19世纪中叶，由现存的琉璃残件来看，其工艺的细致和色泽的美丽都是空前的。

佛塔中的另一种类型——金刚宝座塔，虽在敦煌石窟隋代壁画中已经出现，但实物最早的却见于明代。这种塔的基本型体起源于印度，但到中国以后有很大变化。特别是装饰中掺入大量喇嘛教的题材和风格。北京的大正觉寺金刚宝座塔是这类塔中最早的实物，建于明成化九年（1473年）。宝座方形，石造，遍刻天王、狮子、孔雀及喇嘛教"八宝"，图案组织和谐，刻工精致。宝座上建五座密檐方形石塔和一个圆顶小殿。塔身也有与宝座类似的雕刻。

北京西黄寺清净化城塔是金刚宝座塔中的另一种式样，建于清乾隆四十七年（1782年）。基座较矮，共两层。座上正中建一高大的石喇嘛塔，四隅配以四座八角小石塔。小塔上遍刻经文。第一层基座前后各有一座石牌坊。整个塔群雕刻不多，以多变的体型造成了华丽的风格。

云南傣族的佛塔群也是明清时期重要的一种形式。位于潞西县风平的大佛殿重建于清雍正三年（1725年），其中有两座典型的傣族佛塔：熊金塔和曼殊曼塔。塔下有复杂的"亚"字形基座，塔身比例修长，周围以小塔和怪兽陪衬。多变的轮廓和丰富的雕饰，使这种形式的佛塔显得异常美丽夺目。

第四章 古代宗教建筑

由于傣族集居地区与缅甸接壤，所以这种塔群和缅甸塔具有类似的风格。

明清时期，国内仍然建造了许多大寺院，如南京灵谷寺、报恩寺和山西太原崇善寺等。其中崇善寺建于明洪武十四年（1381年），是明太祖（朱元璋）第三子晋恭王（朱棡）为纪念其母而建造的。建成后屡有修葺，至19世纪中叶被火焚毁，只余大悲殿及部分附属建筑。但现存明成化十八年（1482年）的一幅寺院总图，真实地表现了原来的面貌。

寺南向，据记载东西290多米，南北570多米，以东西门间的甬道将寺分为南北二部，南部是仓、碾、园等，北部为寺的主体。主体部分在天王殿北以回廊构成庭院。正殿九间，重檐庑殿顶，下承二层巨石台基，与后殿间以廊连接，成为工字殿。在这个主要庭院的东西，隔着夹道各有八院，夹道前后有门；另在主殿前东西配殿各以走廊与东西院的两座大殿连接，也成为工字殿的形制。主殿廊院的北部隔着夹道有大悲殿等三院。

崇善寺的布局是中国古代大型建筑平面的典型形式之一。如果拿唐朝的《关中创立戒坛图经》中的律宗寺院、宋代的后土祠、金代的中岳庙和它比较，不难看出具有一定的嬗递发展关系，如廊院制度，东西部小院与主体廊院的关系，主院与小院间以夹道连系等。再以北京乾清宫和东西六宫的关系和崇善寺比较，也可看出若干接近之点。至于工字殿形制的主殿、东西朵殿及周围廊等是宋朝以来大型建筑群常用的方法，重檐九间的大殿，白石台基则与明长陵棱恩殿、北京太庙相近似。这些都说明该寺的布局和造型仅次于宫殿一等。

明、清时期，藏族和蒙古族的喇嘛教建筑在元代的基础上进一步发展，特别在清朝，为了加强对藏族、蒙古族的统治，更重视喇嘛教，因而这类建筑的数量很多，仅在内蒙各旗，就有喇嘛庙1000余所，西藏、四川、甘肃、青海等地明清时代藏族的喇嘛寺数量则更多。

蒙古族从明代起，大量吸收了汉族文化，到清代得到更密切的融合。这种情况反映到建筑上的是城市中的寺院完全采用了汉族传统佛寺的布局方式。除大经堂的平面，空间处理仍然保持喇嘛教经堂的特有形式外，其他建筑都与汉族建筑一样。

呼和浩特市的席力图召是这类

金刚宝座塔

建筑中典型的例子。主要建筑按中轴线排列，完全采用汉族传统佛寺的制度，但在中轴线的后部，布置了喇嘛教寺院特有的大经堂。

大经堂重建于清康熙三十五年（1696年），平面分为前廊、经堂、佛殿三部分，但佛殿已毁，只余前面两部分。大经堂建在高台上，前有月台，这是汉族建筑的特点。外墙用砖，屋顶用汉族建筑的构架形式，但整个平面和空间处理，仍是喇嘛教寺院经堂特有的方式。

建筑造型，墙身不太厚，外镶蓝琉璃砖；门廊很大，上面满开米红色窗户；檐口饰带很宽大，并和屋顶的黄琉璃瓦檐组合起来，上面的镏金饰物也很多。这些都使大经堂在外形上显得很华丽而无雄伟的气势。

明、清时期的伊斯兰教建筑分为两个系统：一种以回族的礼拜寺和教长墓为代表；另一种以维吾尔族的礼拜寺和玛札为代表。

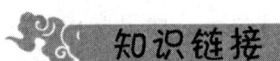

庙宇的称谓

从广义上来说，庙宇不仅仅与佛教一家有关。但在佛教中，庙宇就有许多种称谓：如"寺"，最初并不是指佛教寺庙，从秦代以来通常将官舍称为寺。在汉代把接待从西方来的高僧居住的地方也称为寺，从此之后，"寺"便逐渐成为中国佛教建筑的专称。"寺"是佛教传到中国后，中国人为尊重佛教，对佛教建筑的新称呼。如白马寺、大召寺等。除此之外，如庵，那是尼姑居住的寺庙。还有石窟，那是开凿在山崖上的石洞，是早期佛教建筑的一种形式。印度早期佛寺多用这种形式。印度佛教石窟的形式有两种，一种为精舍式僧房，方形小洞，正面开门，三面开凿小龛，供僧人在龛内坐地修行；一种为支提窟，山洞面积较大，洞中靠后中央立一佛塔，塔前供信徒集会拜佛。在蒙古语中称"寺"为"召"。如大召、五当召等。另外，有称之为布达拉宫、普陀宗乘之庙等。

在道教中，寺庙的称谓也很多：道教创立之初，其宗教组织活动场所

第四章 古代宗教建筑

皆以"治"称之。又称为"庐""靖",也称为静室。在南北朝时,道教的活动场所称呼为仙馆。北周武帝时,道教活动场所的称呼叫"观",取观星望气之意。到了唐朝,因皇帝认老子为祖宗,而皇帝的居所称为"宫",所以道教建筑也称为"宫"了。其他还有叫"院""祠"的,如文殊院、碧霞祠等。

第二节 古代宗教建筑

敦煌石窟

敦煌,位于甘肃省河西走廊的西端,敦煌市东南25公里的鸣沙山东麓崖壁上,上下五层,南北长约1600米。南枕祁连,襟带西域;前有阳关,后有玉门,是古代丝绸之路的咽喉要塞。敦煌石窟包括莫高窟、西千佛洞、安西榆林窟、东千佛洞、水峡口下洞子石窟、肃北五个庙石窟、一个庙石窟、玉门昌马石窟,位于今甘肃省敦煌市、安西县、肃北蒙古族自治县和玉门市境内。因各石窟的艺术风格同属一脉,主要石窟莫高窟位于古敦煌郡,且古代敦煌又为本地区政治、经济、文化中心,因此统称敦煌石窟。

敦煌石窟始凿于东晋穆帝永和九年(353年),或说是前秦苻坚建元二年(366年)。1600年间,这里先后开岩凿洞,最盛时,曾有石窟千余,号称千

敦煌莫高窟

佛崖、千佛洞等。最早一窟由沙门乐傅开凿，称莫高窟（早已无存），后经北凉、北魏、西魏、北周、隋、唐、五代、宋、回鹘、西夏、元等时代连续修凿，历时千年，延续时间最长；现存北魏至西魏窟22个，隋窟96个，唐窟202个，五代窟31个，北宋窟96个，西夏窟4个，元窟9个，清窟4个，年代不明的5个等，共计石窟700余个，规模最大；雕塑3000余身，壁画4500余平方米，内容最丰富；唐宋木构窟檐5座。窟内绘、塑佛像及佛典内容，为佛徒修行、观像、礼拜处所。

敦煌艺术是佛教题材的艺术。有历代壁画5万多平方米，彩塑近3000身，内容非常丰富。敦煌石窟艺术是产生和积存在敦煌的多门类的艺术综合体，包括敦煌建筑、敦煌壁画和敦煌彩塑。以莫高窟为中心的敦煌石窟，1987年被联合国教科文组织列入《世界遗产名录》。

敦煌莫高窟的艺术表现形式主要是壁画和塑像。莫高窟的石窟建筑，由于时代不同，石窟形制呈现不同的特色，主要有五种：禅窟（即僧房）、塔庙窟（即中心窟）、殿堂窟、佛坛窟、大佛窟（即涅槃窟）。这些石窟表现在建筑上的价值并不仅仅在于它本身是建筑的一个类别，更重要的是在它的雕刻与壁画中反映了我国早期的建筑活动与形象。

敦煌壁画是敦煌艺术的主要组成部分，规模巨大，内容丰富，技艺精湛。5万多平方米的壁画分为佛像画、经变画、民族传统神话题材、供养人画像、装饰图案画、故事画和山水画。从敦煌石窟壁画中，还可以看到古代房屋施工的场面。在敦煌莫高窟中有一幅《五台山图》，表现了五代时期五台山佛教寺院的兴盛场面，但目前在五台山只剩下两座唐代的寺庙殿堂，昔日的兴盛已经见不到了。

敦煌飞天是印度文化、西域文化和中原文化共同孕育成的，它是敦煌莫高窟的名片，是敦煌艺术的标志。

第四章 古代宗教建筑

云冈石窟

在山西省大同市，有一座著名的佛教造窟杰作，它有着252个窟龛，每一个都异常精美，所建造雕刻的5.1万多个佛教石像更是国宝中的国宝，它就是我国最大的佛教石窟——云冈石窟。

云冈石窟大约修建于公元5—6世纪，当时正是我国佛教的兴盛时期。整个石窟规模庞大，布局设计严谨统一，是佛教雕刻、绘画、建筑集于一身的杰出作品。那么，云冈石窟是如何被发现的？

据说，很多年以前，武周山下有一个云岗村，村子旁边本来有一个小沙丘，可不知道为什么，这个小沙丘越长越大，而且每当到了晚上，这个沙丘里总是传出一些悦耳动听的音乐来，人们都无法解释这个现象。

村子里有一个比较大胆又好奇的少年羊倌，他对这件事情颇感兴趣，于是每天都赶着羊群去那里放羊，而沙丘里的曲子也照常响起，这羊倌就不知不觉学会了。于是他回去找村子里的人来挖，想看看里面到底有什么东西，可村子里没有一人敢和他一起去，他只好自己动手。

他一连挖了七七四十九天，可是除了沙子什么也没有，正当他郁闷的时候，突然听到沙丘下面传出了声音，羊倌就说："叫唤啥，又不出来。"沙丘下又有声音，羊倌说："那就出来吧。"紧接着，一声天崩地裂的巨响，沙丘裂开来，红光映红了半边天，里面显出一个巨大寺庙来，而声音就是从寺庙中传出来的，羊倌往里走，发现后面竟然都是石窟，里面那巨大的佛像矗立在那里。周围的百姓听说了，都来参观，后来云冈石窟便从此传扬出去了。

这个传说让云冈石窟增加了很多神秘色彩。云冈石窟位于山西大同市的武周山南麓，最早开凿于公元453年，是石窟艺术中国化的开始，它是我国5世纪石窟和石像艺术的最高水平，与敦煌莫高窟、龙门石窟并称为"中国三大石窟群"，其中莫高窟和龙门石窟在建筑和造像上多少都受到了云冈石窟的影响。

从云冈石窟的建筑上来看，最让后世称道的是它的瓦顶式建筑风格，这在第九窟表现得最为明显。瓦顶以一斗三升人字栱支撑，屋脊上雕刻鸱尾一对，花纹式三角四只，花纹三角之间和垂脊上各雕刻了一只金翅鸟，两侧垂脊出檐角处各雕飞天。门楼中的雕刻则更复杂。

那么，瓦顶建筑式样的门楼有什么特点呢？首先，作为佛教宗教建筑的辉煌之作，这些华丽的建筑都要为佛教思想服务，所有的东西都是来表现这个主题的。另外，云冈石窟中，有一些是双窟，这也是独具特色的建筑。

云冈石窟中最大的一个石窟是第三窟，最前面的断壁高度就达到了25米，石窟还分成了前后室，左右两边还有三层的方塔，而后室中的一个佛像高度就达到了10米。

云冈石窟整体上建造复杂，但却细腻精美，整个布局也是严谨统一，继承了秦汉时期的建筑风格，又吸收了犍陀罗艺术的优点，最终创造出了世界上独一无二的云冈石窟建筑风格，给世界建筑行业留下了一笔珍贵的财富。

知识链接

石窟建筑

石窟寺源于印度，随佛教东传经阿富汗、新疆至敦煌，后又传入中原，逐渐出现了麦积、炳灵、云冈、龙门、大足等石窟。一般人们以敦煌、云冈、龙门为中国的三大石窟。

中国佛教石窟和一般的寺庙在形制与功能上有所不同，还在浮雕、塑像、彩画方面给我们留下了十分丰富的资料，在历史上和艺术上都是很宝贵的，主要体现在：

（1）建筑以石洞窟为主，附属之土木构筑很少；

（2）其规模以洞窟多少与面积大小为依凭；

（3）总体平面常依崖壁作带形展开，与一般寺院沿纵深布置不同；

（4）由于建造需开山凿石，故工程量大，费时也长；

（5）除石窟本身以外，在其雕刻、绘画等艺术中还保存了许多我国早期的建筑形象。

北宋时期的隆兴寺

宋代时,统治者对佛教的态度一改往常,采取了稍有推崇、多加限制的政策,这自然影响了佛寺的建筑。宋朝的很多佛寺不是新建,而是在前代寺院基础上改建或扩建,目前保存较好的隆兴寺即是如此。隆兴寺始建于隋朝开皇六年(586年),最初的名称叫龙藏寺,唐代时改为隆兴寺。

隆兴寺位于今天的河北省正定县,占地面积5万多平方米,目前它的总体布局仍保留宋代遗风。寺庙呈南北轴线布置,由南至北在轴线上依次建有影壁、牌坊、石桥、天王殿、大觉六师殿、摩尼殿、戒坛、大悲阁、弥陀殿、敬业殿、药师殿等。其中影壁、牌坊、石桥等是寺院前的引导性建筑。

由天王殿开始,才正式进入寺院。天王殿是隆兴寺的山门,单檐歇山顶,殿体前后正中设置有拱形洞门,两侧是小型的拱门。进入山门后,可看到正中有座大殿,名大觉六师殿。大觉六师殿后是摩尼殿。

摩尼殿是隆兴寺前部的主殿,建于宋代皇祐四年(1052年),是现存最早的宋代木结构建筑之一。摩尼殿面阔七间,进深七间,平面呈十字形,重檐歇山顶,绿琉璃剪边屋面,墙体与廊柱为红色。整个建筑坐落在高1米多的台基上,前部有月台。殿内供有五尊金装彩塑大佛,释迦牟尼居中端坐,庄严脱俗,迦叶、阿难左右侍立,两旁为文殊、普贤菩萨像。这四尊佛像各具神态,但终究都不如释迦牟尼神圣威严。

摩尼殿最富特色之处,是四面正中皆出抱厦,并且抱厦大小不一。抱厦歇山朝前,歇山内檐也是红色,抱厦下面就是大殿的出入口。大殿敦实庄重,宏伟深沉,而四面突出的抱厦却为它增添了灵动鲜活的艺术风格。整个大殿结构立体感强,富于变化,这样的造型在宋以前乃至宋代都是不多见的,是难得的、颇有价值的建筑实例。

今日的摩尼殿极为古朴苍劲,有一种暮年挺拔之感,屡废屡建,屡建屡兴,依然还保持宋代风格,被誉为一颗灿烂的明星,永远镶嵌在建筑史上,光芒永存。

摩尼殿后是隆兴寺的后半部分,是个大院落的形式。院落两侧围墙处是祖师殿和伽蓝殿。院内前部居中是韦驮殿,而院内居中偏北的是佛香阁,也就是大悲阁,是寺庙后半部分的主体建筑。大悲阁左右连着集庆阁和御书楼,再外侧是转轮藏殿和慈氏阁。

大悲阁是隆兴寺内宋代兴建的最大一座建筑，近代重修时拆除了原来阁两侧的御书楼和集庆阁。现存大悲阁为五檐三层式楼阁，底层面阔七间，进深六间，屋顶为歇山式。楼阁的每层均有围廊，檐下支有高大的圆柱，并有低矮的栏杆环绕。梁枋彩画端庄素雅，素淡雅致。更有漂亮的斗拱与对称的雀替。整个楼阁上小下大，雄伟稳重，坚固敦实；通透的门窗、围栏与窄窄的屋檐，又使楼阁带有一丝轻盈灵动之感。

大悲阁内有宋代开宝四年（971年）所铸的四十二臂观音立像，各臂分别执有日、月、净瓶、宝剑等法器，像高22米多，是目前中国最高大的铜铸像，被称为正定大菩萨。它与沧州狮子、定州塔、赵州桥合称河北四宝。铜像底下的须弥座也是宋代原物，上面刻有伎乐、飞天和盘龙，雕刻技法高超，布局主次分明，具有很高的艺术与研究价值。

由于历史的原因，宋、辽、金时期的木构建筑完整保留至今的并不多。除隆兴寺以外，还有天津蓟县的独东寺，山西太原晋祠的圣母殿、献殿，山西大同的上下华严寺、善化寺，辽宁义县奉国寺等。这些幸存的建筑在滔滔的历史长河中过滤、沉淀下来，成为传统建筑精髓。当然，它们的幸存有其深刻的历史原因，因为宋代是中国木构建筑的高峰期，建造的建筑不胜枚举，总有些建筑蜷缩在角落里等待着人们去开启。

元代的广胜寺

元代是中国古代建筑发展的一个变化期。元代木构殿堂建筑保留至今的也很少，广胜寺是其中有代表性的一座。

广胜寺位于山西省洪洞县城东北17.5千米的霍山南麓，其初建年代已不可考。据传书与碑文记载，判断其大概始建于东汉建和元年（147年），时名阿育王塔院，后因院中埋葬一位法号俱卢舍利的西域僧人，所以又名俱卢舍寺。

广胜寺曾遭受多次天灾人祸，而又几经重新修建，目前除了上寺飞虹塔和大雄宝殿为明代建筑外，其余保留的均是元代建筑结构，所以我们将之看作元代寺院。

广胜寺分为上下寺两部分。上寺有七进院落，主要佛殿有弥陀殿、大雄宝殿、韦驮殿、毗卢殿等。

弥陀殿是上寺前殿，面阔五间，进深四间，单檐歇山顶；只在中央开间前后设门，四壁皆无窗。虽经明代重修，但建筑结构仍保持元代特点。殿内主供明代铜铸弥陀佛像，左右有泥塑观世音大势至菩萨像。殿内两侧有十二只木制藏经柜。

上寺中殿即大雄宝殿，单檐悬山顶。宝殿内主供释迦牟尼，左右两侧是文殊与普贤菩萨，另有十八罗汉像。东面墙壁上是一幅生动流畅的元代壁画，满绘天神、长老等人物。两侧有形制较小的朵殿，名韦驮殿，内供韦驮像，东西墙壁绘有明代壁画。

毗卢殿是上寺的后殿，面阔五间，进深四间。内供3佛、4菩萨、35铁佛，墙壁有53佛、十二缘觉菩萨画像。

广胜寺

上寺建筑各自独立而又相互连通，主次分明，井然有序。

下寺由天王殿、弥陀殿、大佛殿等建筑组成。

天王殿是下寺的山门，是一座面阔三间、进深两间的门厅。虽然无建造年代题记，但从其严谨的结构和古朴的造型上看，当是元代时所建。

下寺前殿也叫弥陀殿，明成化年间重修，但也仍然保持着元代建筑风格。

大佛殿是下寺建筑群中的主体，也就是大雄宝殿，元代时在前朝建筑基础上重建，其后风格未变。大殿面阔七间，进深八间，单檐歇山顶，出檐较深。大殿前檐中部三间设门，门上悬挂巨大匾额，上书"宝筏金绳"，字体圆浑而颇具古朴之风。大佛殿虽然只有一层，但其体形庞大，构筑宏伟，气势威严。

大佛殿内的结构极有特点。不论是组成殿身的间柱，还是构成殿顶的梁架，都自由自在，创新突变，毫不墨守成规，因而营造出流畅、明晰、开朗的内部空间。此外，内部构件还避免重叠，尽量精简，既稳定实用又经济美观。如此创新而经济、牢固的建筑结构，充分显示了当时工匠们的高超技术与艺术才能。

唐代的南禅寺大殿

南禅寺大佛殿是寺院的正殿，它是中国现存最早的木结构建筑。据《殿椽袱下》所记"大唐建中三年（782年）重修"等字样推算，南禅寺大殿已有1200多年的历史了。

大殿面阔三间，进深也是三间。正面中央开间辟门，门的形状为规矩的方形，造型异常简单，只在门边加了窄窄的木边框，别无其他装饰，朴素雅净，简洁利落。左右开间设有方形小窗，窗上是整齐垂直的木制窗棂，线条富有韵律。墙体全部是与窗棂和门框同色同质的木板围成。殿的屋顶为单檐歇山式，覆盖灰色筒瓦，正脊两端的吻，颜色与屋瓦相同，其造型如一弯新月。正如佛教殿堂的辉煌兴盛一时，此时一轮弯月当空照，照遍了整个华夏大地。

殿的外面共有十二根立柱支撑屋顶，立柱的质、料、色彩与殿的墙体相同。殿内不设立柱，而是以两架通长的四椽袱为承重构件。袱上托缴背、驼峰，再上搭平梁，平梁上托叉手，以叉手顶住屋脊。这样的形式是典型的唐代室内构架风格。室内空间与殿外一样简洁，没有任何多余的附加物，不过每个构件的加工都颇为精细。建筑的构造简中有精，粗中有细，大方中有婉约，实在是难得的佛教殿堂。

殿内有佛像十七尊，大多为唐代塑造，造型各异，或婀娜多姿，或气宇轩昂，或简约委婉，或盛气凌人，个个逼真，让人觉得严肃亲切，是雕塑艺术中的精品。

整个大殿立于一座白色台基上，无栏杆围绕，也无其他点缀，显得直白、温婉、简洁、耐人寻味。殿的正面有一台阶可供上下，台阶两边各置一口大缸，缸体的颜色与殿的墙体颜色遥相呼应。大缸的作用不能忽视，关键时刻，蓄水以备灭火之用，更多的时候，殿内讲经，可通过大缸把声音传得更远、

更悠扬,让人觉得更神秘。

南禅寺大殿的尺度不大,但却是唐武宗李炎"会昌灭法"之前中国现存的唯一一座木构教堂式建筑,其历史意义相当可观,价值不菲。

唐中期的佛光寺大殿

据记载,佛光寺建于北魏孝文帝时期,后毁,唐时在原址上重建。现存佛光寺寺庙的主殿东大殿,建于唐代大中十一年(857年)。大殿位于佛光寺的最东面山坡平台上,殿的平面为长方形,面阔七间,进深八椽,单檐庑殿顶。正中五开间设门,两侧开间辟窗。

佛光寺大殿

全殿内外都有柱子排列,与明清时期殿堂建筑有很大的区别:大殿内外柱子的高度都是一样的,柱体有一部分嵌入墙内,使得整个结构更为坚固稳定。柱顶之上,屋檐之下,是造型优美的梁架与斗拱,雕刻形如卷云,又似花瓣,生动轻巧而又不失大气。殿内设有佛坛,佛坛长达殿的五开间,供奉精致华美的泥塑佛像阿弥陀佛、菩萨、弟子等三十多尊,皆为唐代塑造。佛像姿态各异,神态自如,丰满圆润,生动优美,其较高的艺术价值自不用说。大殿内的主要空间几乎都被佛像占据,供祭拜所用的空间所剩无几。

南禅寺大殿的尺度较小,建筑形式简单,但其历史价值不可估量。对于今天的建筑史研究者来说,南禅寺大殿无论从斗拱、梁架形式、天花形式、门窗木装修,还是佛像的设置模式等,都为其研究提供了充足丰富的实例,为开创后世璀璨的建筑艺术作了最好的铺垫。

佛光寺东大殿的建筑是艺术与结构的统一,它在简约凝至的平面中创造了丰富灵活的空间艺术,是中国历史上一份不朽的珍贵文化遗产。

南京栖霞寺舍利塔

南京栖霞寺舍利塔，位于江苏省南京市东北的栖霞山麓栖霞寺中。栖霞寺创建于南朝齐永明元年（483年），而舍利塔则始建于隋朝仁寿元年（601年），原为五层方形木塔，后被毁坏。现存之塔是五代时南唐遗物，为八面五层的密檐式石塔，通高18米，与原先的塔相比，已面目全非了，平面造型、材料等与原来都有所不同。

今日的栖霞寺舍利塔造型秀美雅素，塔下面是带有栏杆的宽敞台基，正面有拾级而上的台阶。台基上置有两层基座，上面雕有龙凤、石榴花等装饰图案。基座上为须弥座，也有凤、石榴花等雕刻，但这还不是主要装饰，主要装饰是位于束腰八面的浮雕释迦牟尼成道八相图，包括白象投胎、树下诞生、出游四方、雪山苦行、树下坐禅、成道、降魔、涅槃，基本囊括了释迦牟尼在凡世时的主要经历。

须弥座上面就是承托塔身的莲座，莲瓣丰满、圆润。莲座上第一层塔身最高，其前后两面雕带有门钉、铺首的板门，其余各面雕文殊、普贤、四大天王像；上面四层塔身较短，各面均雕有两个佛龛，内供小佛。各层皆有较长出檐。塔的顶部为五层莲花雕饰的塔刹。

这种设有台座的密檐式石塔，是现存石塔中最早的实例，其造型优美，雕琢精细，在五代时是江南石刻的代表。

唐、五代时期的大雁塔

唐、五代时期建造的现存最著名的塔，当属大雁塔，它位于西安市和平门外4千米处的慈恩寺内。

唐代国力强盛，建筑自然也彰显出气势恢弘、气度超绝的盛唐风貌，佛塔同样也大气高耸。

大雁塔始建于唐代高宗永徽三年（652年），初名慈恩寺塔，由唐僧玄奘创建，用来储藏他由印度带回的佛经。大雁塔初建时为五层，后毁于战火。五代后唐长兴年间重新修缮，改为七层，也就是今天所存塔的形状。塔体平面为方形，由下至上呈逐渐缩小的锥形，造型较为简洁，形式古朴庄重。此

第四章 古代宗教建筑

塔总高 64 米，底边各长 25 米。

塔身有仿木构的砖制斗拱、栏额和枋，四面均有砖券拱门，内有唐代石刻佛像与天王像。塔底正面内置佛龛两座，龛内各有碑石一块，分别刻着褚遂良书写的《圣教序》和《大唐三奘圣教序》。这都为研究唐代相关艺术提供了珍贵的资料，尤其是西门楣上的线刻殿堂图。

大雁塔从外部造型来说，是座楼阁式塔，而从内部结构来说，则是空筒式塔，塔内的盘旋楼梯可达塔的顶层。唐时就有很多人登临览胜，特别是考中进士的人要登塔题名以作纪念。这更吸引了其后千百年的许多文人雅士来此登高赋诗，留下了大量逸事佳话与美妙诗篇。如今它吸引着更多的人去一览其秀逸之光，一是观塔，一是登塔观景，或是品味古诗词的韵味。

唐代大雁塔的高度相当于现在二十多层的高楼，而且古老的四方形的平面形式迥异于其常见的八角形平面。

唐代的塔以正方形平面形式最为典型，塔檐出挑较深，塔顶端的塔刹十分高大。每层都有出挑在外的平座，供人在塔身外凭栏远眺，平座下为斗拱支撑。塔的造型平缓，内在的张力十足。在中国唐代时，日本学习和仿建了不少四方形平面的塔，中国古代建筑对于东亚的影响由此可见一斑。

武当山道观

武当山在湖北均县（今丹江口市）境内，方圆 400 余千米，是道教"七十二福地"之一。据道书称，真武大帝在此修炼成功"飞升"，所以武当山历来就是道教的名山胜地。唐代，山中开始建造道教寺宇。明初，明成祖朱棣声称，他起兵南下夺取政权因有北方之神真武大帝帮助而取得成功，为了报答神佑，在武当山大兴土木，建造道教宫观。永乐十年（1412 年）从南京派遣工部侍郎等官员率领军工民匠 10 余万人，历时 11 年，建太和宫、清微宫、紫霄宫、朝天宫、南岩宫、五龙宫、玉虚宫、净乐宫、遇真宫及仁威观、回龙观、龙泉观、复真观、元和观等九宫八观，加上庵堂、亭台、桥榭等，在 800 里武当山构建了庞大的道教古建筑群，成了九宫、八观、三十六庵等建筑群。其中"宫"的等级最高，规模最大，"观"次之，"庵"又次之。这一大批建筑都沿着溪流峡谷自下而上展开布置，从均县城内开始，到天柱峰最高点，一路都有宫、观、庵、庙，长约 60 公里，最后到达真武大帝所居的金顶

武当山道观

"紫禁城"。

道教的宫观建筑是从中国古代传统的宫殿、神庙、祭坛建筑发展而来的，是道教徒祭神礼拜的场所，也是他们隐居、修炼之处所。武当道教宫观依山势地形，以单个建筑组成的院落为单元，通过明确的轴线关系串联成千变万化的建筑群体，使它在严格的对称布局中又有灵活多样的变化，而且这些变化又不影响整体建筑的风格。

武当山道教宫观大殿都采用等级很高的建筑规制，殿檐伸出深远，且向上举折，加上鸱吻、脊饰，形成优美多变的曲线，使本来沉重的大屋顶变得秀逸典雅。尤其是在直立厚重的墙壁和殿宇下宽阔的月台，或是在崇台的衬托下，整个建筑显得十分庄重和稳定，形成了一种曲与直、静与动、刚与柔的和谐美。

各宫观中以玉虚宫规模最大，占地6公顷余（370米×170米），由三路院落组成，中路轴线上布置桥、门四重、碑亭、殿二进，层次深远。此宫于清乾隆十年（1745年）毁于火灾，现仅残存有部分碑亭、宫门及门、殿基址。武当山保存的明代建筑有石坊"治世玄岳"坊、遇真宫、天津桥、紫霄宫、三天门、太和宫、紫禁城、金殿等。

紫霄宫是武当山上较大的宫观之一。整个建筑群坐落在一片台地上，背倚峻岭，门屋殿宇依山层层向上布置，前有山门龙虎殿，殿内有青龙、白虎两神君像，门内依次是左右碑亭、十方堂、紫霄殿、父母殿等建筑。紫霄殿是宫内正殿，立于二层高台之上，气势开阔挺拔。殿屋面阔五间，重檐歇山顶，下檐用五踩重昂斗拱，上檐用七踩单翘重昂斗拱。殿内供奉玉皇大帝神像。

武当山主峰天柱峰环山建有1.5公里长的石城墙，四面设门，名为紫禁城，城内峰顶最高处有永乐十四年（1416年）所建金殿，是一座仿木构式殿堂，构件用铜铸镏金后拼装而成。殿的通面阔5.8米，3开间，通进深4.2米，下檐斗拱七踩单翘重昂，上檐斗拱九踩重翘重昂，斗拱排列丛密，明间达到九攒，装饰化倾向十分明显。此殿虽小，规格却很高，工艺精致。殿的柱枋、斗拱、彩画、门窗、屋面瓦兽都认真模仿木构建筑式样，可视为明初官式建筑的范本之一。殿内供真武大帝披发跣足铜像，像前有玄武（龟蛇合一）、金童、玉女、水火二将铸像。殿后有父母殿。这组象征真武神居的山顶城堡，掩映于云雾缭绕之中，极具神秘色彩。

西藏拉萨布达拉宫

布达拉宫在西藏拉萨西北的玛布日山上，是达赖喇嘛行政和居住的宫殿，也是一组最大的藏传佛教寺院建筑群，可容僧众2万余人。

布达拉宫始建于公元7世纪松赞干布王时期，是藏王松赞干布为迎唐朝文成公主而建，后毁于兵燹。清顺治二年（1645年）由五世达赖重建，主要工程历时约50年，以后陆续又有增建，前后达300年之久。独特的布达拉宫同时又是神圣的，这座凝结藏族劳动人民智慧又目睹汉藏文化交流的古建筑群，已经以其辉煌的雄姿和藏传佛教圣地的地位绝对地成为藏族的象征。

布达拉宫在拉萨海拔3700多米的红山上依山而建，现占地41万平方米，建筑面积13万平方米，999间房屋，宫体主楼13层，高115米，全部为石木结构。最高佛堂处海拔3767.19米，是世界上海拔最高的古建筑群。5座宫顶覆盖镏金铜瓦，金光灿烂，气势雄伟，是藏族古建筑艺术的精华，被誉为高原圣殿。

布达拉宫

布达拉宫拔地高200余米，外观13层，实际只有9层。由于它起建于山腰，巧妙地利用了自然环境，基石深入到山石之中，石墙与山岩融为一体。宫宇叠砌，迂回曲折，同山体有机地融合，大面积的石壁又屹立如削壁，使建筑仿佛与山岗合为一体，自山脚向上，直至山顶，气势十分雄伟。建筑层次栉比，有主有次，重点突出，形成丰富的空间层次，具有韵律和节奏感。

宫中雕柱林立，长廊交错，色泽浓艳，富丽堂皇，宫殿、寺宇与灵塔融于一体，并吸收汉族及印度、尼泊尔寺庙的建筑特色，形成独具一格的藏族建筑风格。在总平面上没有使用中轴线和对称布局，但却在体量上、位置上和色彩上强调红宫与其他建筑的鲜明对比，仍然达到了重点突出、主次分明的效果。布达拉宫在建筑形式上，既使用了汉族建筑的若干形式，又保留了藏族建筑的许多传统手法。

宫殿的设计和建造根据高原地区阳光照射的规律，墙基宽而坚固，下面有四通八达的地道和通风口。屋内有柱、斗拱、雀替、梁、椽木等组成撑架。铺地和盖屋顶使用的是叫"阿尔嘎"的硬土，各大厅和寝室的顶部都有天窗，便于采光和空气流通。宫内的柱梁上有各种雕刻，墙壁上的彩色壁画面积有2500多平方米。大殿内的壁画既记载着西藏佛教发展历史，又有五世达赖生平和文成公主进藏过程，还有西藏古建筑形象和大量佛像金刚等。

在半山腰上，有一处约1600平方米的平台，这是历代达赖观赏歌舞的场所，名为"德阳厦"。由此扶梯而上经过松格廊廊道，便到了白宫最大的宫殿——东大殿。有史料记载，自1653年清朝顺治皇帝以金册金印敕封五世达赖起，达赖转世都须得到中央政府的正式册封，并由驻藏大臣为其主持坐床、亲政等仪式。此处就是历代达赖举行坐床、亲政大典等重大宗教、政治活动的场所。

红宫是达赖的灵塔殿及各类佛堂，共有灵塔8座，其中五世达赖的是第一座，也是最大的一座。据记载，仅镶包这一灵塔所用的黄金就达11.9万两之多，并且经过处理的达赖遗体就保存在塔体内。西大殿是五世达赖灵塔殿的享堂，它是红宫内最大的宫殿。殿内除乾隆御赐"涌莲初地"匾额外，还保存有康熙皇帝所赐大型锦绣幔帐一对，为布达拉宫内的稀世珍品。

伊斯兰教建筑

"伊斯兰"系阿拉伯文的音译，原意为"顺服"，指顺服唯一神安拉的旨

第四章 古代宗教建筑

意。伊斯兰教起源于阿拉伯半岛，相传是穆罕默德（570—632年）得到真主安拉的启示后创立的一种宗教。而伊斯兰教历，中国旧称回历，以希吉拉（622年）为纪元，并以迁徙的那一年的阿拉伯太阴历的年首为该历纪元元年元旦。

从伊斯兰教起源的时间来看，它比印度的佛教和中国的道教要晚很多，但它的发展却非常迅速，由阿拉伯半岛逐渐向外传播，最终形成地跨欧、亚、非三大洲的世界性宗教，与佛教、基督教并称世界三大宗教。伊斯兰教大约在唐朝时传入中国，其后在中国的回族、维吾尔族、哈萨克族等少数民族中发展，并成为这些少数民族信仰的宗教。

随着伊斯兰教的传播与发展，其建筑也得到了空前发展，这包括清真寺、宫殿、陵墓甚至学校等，其建筑艺术别具一格。在这些建筑中，最为重要的就是清真寺。清真寺又称礼拜寺，是阿拉伯语"麦斯吉德"的意译，意为"叩拜的场所"。

 1. 西安大清真寺

西安大清真寺就是一座著名的伊斯兰教寺院。它位于古城西安钟鼓楼广场西面的回民居住区内。

据寺内的碑石记载，寺院创建于唐代玄宗天宝元年（742年）。其后，经过各朝各代的不断修缮与扩建，渐成规模壮阔、气象雄伟的古建筑群，占地面积达1.3万多平方米。寺院平面呈长方形，东西布局，有四进院落组成。主要建筑有五间楼、省心楼、凤凰亭、礼拜大殿等。

第一进院落内耸立一座三间四柱的大木牌坊，飞檐下斗拱重叠而楼顶覆盖琉璃，光彩熠熠。牌坊的两侧各有三间厢房。院落后就是单檐歇山顶的五间楼，面阔即为五开间，中央开间前后辟门。实际上五间楼也就是前后院落之间的过厅。五间楼前左右各有一个攒尖顶小亭，掩映在绿树、花丛中，俊雅灵妙。

第二进院落中央也立有三间四柱牌坊一座，不过，这是一座石制牌坊，并且，它在装饰上较前院的木牌坊简洁得多。坊楣上刻有"天监在兹""虔诚省礼""钦翼昭事"等字样。牌坊下围有石雕栏杆，东西留有踏道。牌坊左右各有一通冲天雕龙碑，分别刻有米芾和董其昌所书碑名，是书法艺术中的珍品。

第二进院落与第三进院落之间，有一座殿宇名敕修殿，是西安大清真寺中建筑最早的一座殿。殿内有曾任此寺教长的"小西宁"撰写的阿拉伯文碑一通，因为碑文内容是计算伊斯兰教斋月的方法，所以称为月碑。这座碑对了解陕西伊斯兰教的发展有重要的意义与价值。

过敕修殿便进入了第三进院落。院落正中矗立着一座二层三檐的八角攒尖顶楼阁，名为省心楼。省心楼巍然耸立，是清真寺的最高点。楼两侧是宫殿和讲经堂，经堂内珍藏着明代手抄本《古兰经》。

最后一进院落内建筑相对多一些。前有集牌楼与亭阁于一体的一真亭，由中间的六角亭和两侧的三角亭组成，均为攒尖顶。三亭相连而檐角飞翘，状如凤凰翅，因而又叫凤凰亭。亭两侧各有厢房七间。亭后不远，即见广阔的月台，台上矗立着宏伟的礼拜大殿。

这座礼拜大殿面阔七开间，单檐歇山顶，覆盖蓝色琉璃瓦。殿前带廊，廊下立八柱，中央四柱上悬有两副对联。殿内藻井极为特别，彩绘蔓草纹套刻着 600 多幅经文，而四周则镶嵌着大型木版雕刻中文和阿拉伯文的《古兰经》各 30 幅。这是极为罕见的巨型《古兰经》雕刻。这座大殿的内部空间较大，可同时容纳 1000 多人做礼拜。

西安属于汉回聚居地，虽然这座大清真寺是回族人民所建的伊斯兰教建筑，但仍然具有明显的汉族传统建筑特点。而在新疆等少数民族聚居地，其伊斯兰教清真寺就极富当地建筑特色，如位于新疆喀什市中心的艾提尕尔清真寺。

2. 新疆的艾提尕尔清真寺

艾提尕尔清真寺位于新疆喀什城内，已有 500 多年的历史，其建筑气势雄伟豪爽，色彩绚丽斑斓，是我国古代维吾尔族人民创建的历史瑰宝之一。

据文献记载，早期的艾提尕尔清真寺的规模并没有今天这么大。这里原来是一片坟地，曾埋葬当时的喀什王及其亲属，还埋葬有察合台（成吉思汗次子，其封地在西辽旧地，后称察合台汗国）的后裔和当时的一些达官贵人。而这里的清真寺当时只是一座小寺，它是由喀什王沙克色孜·米尔扎的后裔于 1442 年左右所建。1537 年前后，当时的统治者又将它扩建。

不过，据说真正奠定艾提尕尔清真大寺基础的，是 18 世纪后期的一个贵妇，是她的大笔遗产建成了清真寺，即艾提尕尔清真寺的前身。但今天的规模，却又是经过 18 世纪以后的多次修建和扩展而成。

艾提尕尔清真寺现在的总面积约 1.68 万平方米，是中国现存最大的伊斯兰教礼拜寺，不论是伊斯兰教节日还是平日，穆斯林都在这里举行宗教活动。

第四章 古代宗教建筑

寺内有礼拜堂、教经堂、门楼、塔及一些附属建筑。加上庭院内的花草树木,这座大清真寺不但是当地宗教的活动中心,也成了喀什城的一处胜景。

艾提尕尔清真寺坐西朝东,大门开在东南角,是一座方形门楼的形式,高 12 米,砖石砌筑。门楼中下部为尖拱形大龛,龛内中下部是凹进去的矩形大门,高近 5 米,门板为浅蓝色。浅蓝色的门板与上部土黄色的门楼搭配相得益彰,显得古朴雅致。

艾提尕尔清真寺

门楼的两边有院墙连接着左右的宣礼塔,高约 18 米。两塔顶部都有穹隆顶的小亭,质朴自然。小亭顶尖各立有一弯新月形装饰,象征着伊斯兰。门楼左侧的院墙短,塔离得比较近,而塔身较粗壮;门右侧的院墙长,墙上还嵌有两个尖拱龛,塔离得比较远,且塔较左侧塔纤细。从正立面看,就形成了以门为中心不对称而又均衡的构图,稳重而有美感。

门楼后即为院落,礼拜殿在院落内的西侧,坐西向东,分为外殿、内殿两部分。外殿形体很长,并且向前完全敞开,顶部采用的是当地具有悠久历史的木柱密梁平顶结构。外殿对内殿成包围之势,内殿只有一面在外殿包围之外。内殿前墙正中开有门洞,门上装饰有精美的石膏几何花纹。

教经堂是学习之处,里面有供 400 名学生居住和学习的 96 个房间。同时,还建有可容纳百人的大型蒸汽浴室、供 400 人取暖的暖室、人工水池等附属建筑。

现在,艾提尕尔清真寺的宗教活动依然频繁,特别是在肉孜节和古尔邦节这两大伊斯兰教节日里,更是鼓乐喧天,热闹非常。同时,这座古老的建筑也引起了广大游人的兴趣。

除了西安大清真寺和喀什艾提尕尔清真寺外,还有很多著名的清真寺建筑,如新疆吐鲁番苏公塔礼拜寺、北京牛街礼拜寺、福建泉州的艾苏哈卜清真寺等。

少林寺传奇

在"五岳"之一的嵩山上,有一座中外闻名的古刹——少林寺,它是中国佛教寺院中最为著名的寺院,被称为天下武功的发源地,它又是佛陀和达摩祖师曾经住持过的寺院,号称"天下第一名刹"。少林寺常住院的建筑颇具特色,体现了我国宗教建筑的特点。另外,作为我国最为出名的佛教寺院,少林寺里有一个关于"立雪亭"的故事广为流传。

据说,达摩祖师来到中国,并且成了少林寺的住持。二祖慧可希望跟随达摩祖师学习佛法,可是达摩祖师一开始并没有看上慧可,便拒绝了他。慧可并不服气,多次上门请求达摩祖师收他为徒,可是都被达摩祖师婉言拒绝了。

一年冬天,天降大雪,慧可站在达摩祖师平常诵经的禅房外面。当时雪非常大,没过了膝盖,异常寒冷的天气没能阻碍慧可一心向佛。看慧可没有离开的意思,达摩祖师便想出了一个办法。他告诉慧可,除非天降红雪,否则绝不收慧可为徒。慧可一听先是一筹莫展,后来突然用戒刀斩断了自己的胳膊,鲜血染红了雪地,他告诉达摩祖师,天已降红雪,并以此来表明自己学习佛法的心志。达摩祖师看他心诚,最终被他感动收他为徒,传授佛法,让他发扬光大。后来,人们便在慧可站立的地方建起了"立雪亭",表示纪念。

关于少林寺的故事还有很多,它们从另一个角度诠释了这座存在了1500余年的古刹的独特之处。

少林寺位于河南登封市的少室山下,其建筑群落主要包括三个部分:常住院、塔林、初祖庵,现在人们常说的少林寺其实就是少林寺的常住院。这里规模宏大,进了山门之后,还有七座大殿,每一座大殿都独具规模和特色,都体现出了宗教建筑的特色,整个少林寺总面积达到了3万平方米。

少林寺的山门为第一重建筑,整个建筑采用的是面阔三间的单檐歇山顶建筑,雕刻彩绘都细致精美,山门两旁的是硬山式侧门和八字墙,无论远看近观都具有相当的气派。进入山门,左右两旁是弥勒佛和韦驮护法神像,此山门是雍正年间所建,而山门上的少林寺匾额则是康熙皇帝的手书。

其后进入的是重檐式歇山顶的天王殿,上面是绿色琉璃瓦,面阔5间,

进深4间。过了天王殿后，便是少林寺中的主殿大雄宝殿了。大雄宝殿非常宏伟，它的两旁还建有钟楼和鼓楼，这两座建筑都是四层建筑，构造巧妙，建设精美。其后，在大雄宝殿后面还有藏经阁。其后是方丈室，这里是少林寺住持的住所，在方丈室后是少林寺中规模最大最宏伟的千佛殿，又叫作毗卢阁。这座殿里最为引人瞩目的是四十八个脚印，这脚印据说是寺里武僧练武日久天长踩出来的。

少林寺外1.3公里处，还有达摩祖师曾经建造和住过的初祖庵，这里也是颇具宗教色彩的建筑，整个占地约3000平方米，亦有山门、大殿等建筑。其中初祖庵的大殿是宋朝时期的建筑，为木结构，是河南省现存的木结构建筑中的经典。

嵩山少林寺作为我国著名的佛教寺院，是我国建筑史上一笔珍贵的财富。

神奇的空中寺庙

在我国建筑史上，有一种建筑可谓是"惊心动魄"，它总是选择在被认为不可能的地方进行建造，虽然历经千百年，但它们依然完好地架在空中，这就是被认为是世界上最危险的建筑——"悬空寺"。

中国比较有名的悬空寺有九座。北方有七座，南方有两座。北方的七座分别是山西大同恒山悬空寺、山西宁武小悬空寺、山西广灵小悬空寺、山西神池辘轳窑沟悬空寺、河北苍岩山悬空寺、河南淇县朝阳悬空寺、青海西宁悬空寺。南方的两座是浙江建德大慈岩悬空寺、云南西山悬空寺。悬空寺的建造是世界建筑史上的奇迹，其中山西恒山的悬空寺最负盛名。恒山的悬空寺也是佛、道、儒教三合一的罕见寺庙。

各地的悬空寺虽然大体一样，但也各具特色。山西大同浑源恒山悬空寺全部建造在悬崖之上，在寺的底部仅仅看到几根细细的长木柱支撑着，令人有岌岌可危之感。而从上往下看，则能直面下方的谷底深渊，让人不免眼晕，而为什么不把这寺庙建在下面，反而要建得如此"心惊胆战"呢？据说，当时这寺庙的下面是交通要道，客流量非常大，为了方便游人能够参拜佛祖，而且又不影响正常的交通，便在这悬崖之上修建寺庙；另外一个原因是这里经常发生水灾，50米之上的寺庙，不容易受到灾害的侵袭，所以就将寺庙建在了悬崖之上。

恒山悬空寺

悬空寺是多个宗教元素合一的建筑作品,本名原叫做"玄空阁",而"玄"字主要体现的是道教思想,"空"反映的佛教思想,阁则体现了寺庙建立的地方,后来又由于建筑本身在悬崖之上,属于悬在空中,所以给它改名叫作悬空寺。

恒山悬空寺的建筑特点明显,主要是为了体现"奇、悬、巧"。悬空寺在选址上就非常奇特,它两边是百丈悬崖,寺庙距离地面有几十米,这都是十分罕见的。细细的木柱支撑着整个寺庙,走在上面还"咯吱"作响,仿佛一不小心就会掉下深渊一样,但实际情况却是这寺庙虽然经历千年,却依然牢固。而在建造寺庙的上方则有一块岩石出现,既能起到为寺庙遮风挡雨的效果,另外还能遮挡夏日强烈的日光,即使到了太阳最灼热的时候,这日光也仅能照射寺庙三个小时,这就有利于寺庙千年不毁了。

另外一点是"悬"。悬空寺从外观上看,下面有一些木柱支撑,其实这只是一小方面,更多起到决定作用的是插入岩石中的横木飞梁,这些横木飞梁都是经过桐油浸过的铁杉木做成的,既能防腐,又不怕白蚁咬。另外,飞梁的位置也是经过精确计算的,每根飞梁的作用都不相同,有的是起到支撑作用,有的是起到平衡作用。

最后一点就是"巧"了。在如此危险的地方修建寺庙,如果不巧的话,是无法完成这项工程的,修建的过程中充分考虑到了地形的因素,利用岩壁

第四章 古代宗教建筑

和木结构的寺庙相结合,制造出如此惊险的效果来。暴露在外面的是木质结构的寺庙,而在悬崖里面,还有纵深,也就是石窟,人们沿着道路进入其中,感受到的是悬空寺的另外一番天地。

在山西大同悬空寺的栈道旁边的石壁上,刻着四个大字"公输天巧",这其实就是对悬空寺最好、最准确的概括。

千年不倒翁应县木塔

在山西省的应县,有一座举世闻名的佛塔——应县木塔。应县木塔位于应县佛宫寺内,全名是"佛宫寺释迦塔",整座木塔没有一根铁钉,但却屹立近千年而不倒,被称为是"千年不倒翁"。后世很多皇帝都对此塔称赞有加,明成祖朱棣曾经称它是"峻极神功",明武宗也曾称赞它为"天下奇观"。这座历经千年的古木佛塔,到底是由于什么原因千年屹立而不倒呢?它又有怎样的传奇故事呢?

据传说,这座不一般的木塔就是我国木匠的祖师爷鲁班亲手所造。当时,鲁班与妹妹一起比赛手艺,鲁班的妹妹也是一个心灵手巧的人,她自己一夜竟然做成了十二双绣花鞋,并且许诺鲁班,如果鲁班能在一夜之间建造好一座十二层高的木塔,就算鲁班手艺比她好。可谁想,鲁班还真就在一夜之间,建好了一座木塔,可是修好了这座塔放到地上后,土地爷受不了,鲁班于是就用手一推,去掉了一部分,剩下的这部分木塔就留在了山西应县,也就是今天人们看到的这座古老神奇的应县木塔了。

其实,应县木塔建于辽清宁二年,也就是1056年。整个木塔高达67.13米,最底层的直径达到了30.27米,整座塔重量约有7400吨,是一个庞然大物。应县木塔分为三个部分:塔基、塔身、塔刹。整个木塔从外面看是五层,但每一层中间又有一个暗层,这座木塔实为九层。在塔的建造中,没用一根铁钉子,但是却拥有良好的防震结构,这在建筑学上有着非常高的参考价值。

应县木塔在减震和构造上的设计非常科学,刚柔相济,减震、避险等多方面都进行了合理的规划,有些设计甚至超过了现代人的设计。木塔内部在构造上,没有使用钉子进行接合,采用的是构件互相榫卯咬合,区别于其他佛塔的地方是在暗层中间,增加了许多弦向和经向斜撑,这样在结构上就更具硬度,使得木塔在面对大的地震和伤害的时候,能更有力地减少损害。区

别于普通佛塔的内外相套的八角形，各种梁、枋构成的双层套筒式结构，都增强了塔本身的抗震性。

应县木塔的另外一个特点就是斗拱了。斗拱是我国古代建筑的独特设计。应县木塔中，采用各式各样的斗拱多达54种，这在平常建筑中是非常罕见的，因此这里也被称为是"斗拱博物馆"。由于斗拱本身的结构是柔性设计，所以在遇到大地震的时候，塔身就可以自动减缓外界冲击力，从而很好地保护了塔的完整。

应县木塔自建成之后，遭受了很多次的自然灾害和人为制造的灾害。元朝时期曾发生连续七天的大地震，周围很多建筑物都倒塌了，唯有应县木塔依然屹立。民国时期，应县木塔也受到战争的影响，曾经中弹两百多发，让人惊奇的是，它依然没有倒塌，可见其设计、建造得多么精良！

知识链接

五台山佛教建筑群

五台山现存有唐代以来7个朝代的寺庙68座，其中有全国重点文物保护单位9处，省级文物保护单位6处。主要有唐代建筑南禅寺、佛光寺，宋代建筑洪福寺，金代建筑延庆寺、岩山寺，元代建筑广济寺、三圣寺，明代建筑殊像寺、显通寺、塔院寺、圆照寺、碧山寺等，清代建筑菩萨顶、镇海寺及民国建筑南山寺、普化寺、龙泉寺、金阁寺、尊胜寺等。这些规模宏大的古建筑群，反映了自唐代以来中国各个时期佛教建筑文化，是研究中国古代佛教建筑艺术的活标本，在中国乃至世界建筑史上占有十分重要的地位。

第五章

古代民居建筑

　　建筑,既是物质建设,又是一种文化建设。在各民族中,汉族的建筑数量最多,分布也最广;同时,各民族的建筑也各具特点,所以形成了中华民族丰富多彩的建筑面貌。民居是出现最早也是最基本的一种建筑类型,数量最多,分布最广。古代居民住宅建造主要在于满足人们日常生活起居的实际需要,是"家"的所在。

第一节
不同朝代的民居

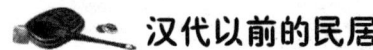 汉代以前的民居

 1. 最早的原始民居

（1）最早的"干栏"。干栏式建筑是长江流域及其以南地区的土著建筑形式，大约出现在新石器时代晚期。干栏式建筑是一种以桩木为基础，构成高于地面的基座，用桩柱绑扎方式立柱、架梁、盖顶的半楼式建筑，是巢居的继承和发展。迄今发现最早的是距今7000年前的浙江余姚河姆渡遗址。

史书上认为，上层住人、下层圈畜的房屋就是"干栏"。壮族语言就是"上面的房子"。

（2）半坡半地穴式民居。著名的半坡村文化遗址位于西安向东方向6公里处，据专家考证，距今约5600～6700年，其村落遗址的总面积有5万平方米左右。这些遗址中，房基凹入地下50厘米左右，房基中央有1～2个柱洞，用于立柱，以支撑木骨架和草、泥覆盖的房顶。因房屋墙壁借用了坑壁，故木骨泥墙不高。龙山文化范围相对广泛，分布于黄河中下游的山东、河南、山西、陕西等省，距今约4000～4600年。

（3）土木结构民居。屈家岭文化遗址是一处新石器时代村落废墟的遗址，从中发现了土木结构的房子，从而揭开了古人以土木建房的秘密。此时的房屋建筑多为方形或长方形地面起建式。

屈家岭文化是中华民族文化发展史中的一个重要环节。

第五章 古代民居建筑

2. 先秦时期民居

（1）夏代民居建筑样式简单，主要有三种类型：①平地起建式；②半地穴式；③窑洞式。

（2）从各个商代民居遗址可见，商代的民居部分保留了半穴式住宅形式。

（3）"民居"一词最早出现于周代，以区别于官式建筑。"堂"的说法也出现于周代。周代民居素有"前堂后室"之分，渐渐地形成了以院落为中心的合院式房屋群落，于是中国传统民居的主流模式——四合院便横空出世。陕北窑洞作为人类最原始、最古老的民居之一，最早建造于周代。到周代为止，宫殿、坛庙、陵墓、官署、监狱、作坊、民居等建筑均已出现。

（4）春秋战国的民居以木结构为主要结构形式。重大变革是瓦的普遍使用和高台建筑的出现。木匠的始祖鲁班，是春秋战国鲁国人。斗拱也是战国建筑艺术上的一项成就。

汉朝住宅

汉朝的住宅建筑，根据墓葬出土的画像石、画像砖、明器陶屋和各种文献记载，有下列几种形式。

规模较小的住宅，平面为方形或长方形。屋门开在房屋一面的当中，或偏在一旁。房屋的构造除少数用承重墙结构外，大多数采用木构架结构。墙壁用夯土筑造。窗的形式有方形、横长方形、圆形多种。屋顶多采用悬山式顶或囤顶。有的住宅规模稍大，无论平面是一字形或曲尺形，平房或楼房，都以墙垣构成一个院落。也有三合式与日字形平面的住宅。后者有前后两个院落，而中央一排房屋较高大，正中有楼高起，其余次要房屋都较低矮，构成主次分明的外观。此外，明器中还有坞堡，是东汉地方豪强割据的情况在建筑上的反映。

规模更大的住宅见于四川出土的画像砖中，其布局分为左右两部分：右侧有门、堂，是住宅的主要部分；左侧则是附属建筑。右侧外部有装置栅栏的大门，门内又分为前后两个庭院，绕以木构的回廊，后院有面阔三间的单檐悬山式房屋，用插在柱内的斗拱承托前檐，而梁架是抬梁式结构，屋内有两人席地对坐，应该是堂。左侧部分也分为前后二院，各有回廊环绕。前院

复原的汉朝建筑

进深稍浅，院内有厨房、水井、晒衣的木架等。后院中有方形高楼一座，在四注式屋顶下饰以斗拱，可能是瞭望或储藏贵重物品的地点。又如，河南郑州出土的汉墓空心砖上刻有前后两院的住宅。前院绕以围墙，右侧建门阙，面临大道。院内植花木，同时也是停放宾客车马的地点。第二道门偏于左侧，门上覆以重檐庑殿顶。门内为居住部分，院内也盛植花木。从这两所住宅所反映的规模和居住者的生活情况来看，应是当时官僚、地主或富裕商人的住宅。

贵族的大型宅第，外有正门，屋顶中央高，两侧低，其旁设小门，便于出入。大门内又有中门，它和正门都可通行车马。门旁还有附属房间可以居留宾客，称为门庑。院内以前堂为其主要建筑。堂后以墙、门分隔内外，门内有居住的房屋，但也有在前堂之后再建饮食歌乐的后堂的。这种布局应自春秋时代的前堂后室扩展而成。除了这些主要房屋以外，还有车房、马厩、厨房、库房以及奴婢的住处等附属建筑。

西汉时期有些贵族和豪富建有富于自然风景的园林，如文献所载茂陵富豪袁广汉，在茂陵北山下建一座花园宅第，规模宏大。园中房屋重阁回廊，徘徊相连，并构石为山，引水为池，池中积沙为洲。园内养着奇兽珍禽，培植着各种花草树木。

从战国到三国，由于席地而坐，几、案、衣架和睡眠的床都很矮，而战国时代的大床，周围绕以阑干，最为特殊。几的形状不止一种：有些几和案涂红漆和黑漆，其上描绘各种花纹，也偶有在木面上施浮雕的。汉朝的案已逐步加宽加长，或重叠一二层，陈放器物。食案有方有圆。还有柜和箱。床的用途到汉代扩大到日常起居与接见宾客。不过这种床较小，又称榻，通常只坐一人，但也有布满室内的大床，床上置几。床的后面和侧面立有屏风，还有在屏风上装架子挂器物的。长者尊者则在榻上施帐。东汉末灵帝（168～188年）时，可折叠的胡床虽传入中国，流行于宫廷与贵族间，但仅用于战争和行猎，还未普遍使用。

第五章 古代民居建筑

北魏和东魏住宅

北魏和东魏时期贵族住宅的正门,据雕刻所示往往用庑殿式屋顶和鸱尾,围墙上有成排的直棂窗,可能墙内建有围绕着庭院的走廊。当时有不少贵族官僚舍宅为寺,不难想象这些住宅是由若干大型厅堂和庭院回廊等所组成的。不过当时鸱尾仅用于宫殿,对住宅来说,不是特许便不可以使用。有些房屋在室内地面布席而坐,也有在台基上施短柱与枋,用此两者构成木架,再在其上铺板与席的。墙上多数装设直棂窗,悬挂竹帘与帷幕。

中国自然风景式园林在这时期曾有若干新发展。北魏末期,贵族们的住宅后部往往建有园林,园中有土山、钓台、曲沼、飞梁、重阁等。同时,叠石造山的技术也有所提高,如北魏洛阳华林园、张伦宅及梁江陵湘东苑,或重岩复岭,石路崎岖,或深溪洞壑,有若自然,都是显著的例子。魏晋以来,一些士大夫标榜旷达风流,爱好自然野致,在造园方面,聚石引泉,植林开涧,企图创造一种比较朴素自然的意境。无疑,这种新风尚对当时园林和苑囿产生一定的影响。

这时期由于民族大融合的结果,室内家具发生了若干变化。一方面,席坐的习惯仍然未改,传统家具有了不少新发展。如睡眠的床已增高,上部还加床顶,周围施以可拆卸的矮屏;起居用的床(榻)加高加大,下部以壶门作装饰,人们既可以坐于床上,又可垂足坐于床沿;床上出现了倚靠用的长几、隐囊和半圆形凭几(又称曲几);两摺四牒可以移动的屏风发展为多摺多牒式。可是另一方面,西北民族进入中原地区以后,不仅东汉末年传入的胡床逐渐普及到民间,还传入了各种形式的高坐具,如椅子、方凳、圆凳、束腰形圆凳等。这些新家具对当时人们的起居习惯与室内的空间处理产生了一定影响,成为唐以后逐步废止床榻和席地而坐的前奏。

隋、唐、五代的住宅

隋、唐、五代的住宅没有实物遗留下来。当时文献所述的贵族宅第,只能从敦煌壁画和其他绘画中得到一些旁证。贵族宅第的大门有些采用乌头门形式。宅内有在两座主要房屋之间用具有直棂窗的回廊连接为四合院,但也有房屋位置不完全对称的，可是用回廊组成庭院则仍然一致。至于乡村住宅见于《展子虔游春图》中，不用回廊而以房屋围绕，构成平面狭长的四合院；此外，还有木篱茅屋的简单三合院，布局比较紧凑，与上述廊院式住宅形成鲜明的对比。值得注意的是，这些图画所描写的住宅多数具有明显的中轴线和左右对称的平面布局，无疑这是当时住宅建筑中比较普遍的布局方法。

这时期的贵族官僚，不仅继承南北朝传统，在住宅后部或宅旁掘池造山，建造山池院或较大的园林，还在风景优美的郊外营建别墅。这些私家园林的布局，虽以山池为主，可是唐朝士大夫阶级中的文人、画家，往往将其思想情调寄托于"诗情画意"中，同时也影响到造园手法。以官僚而兼诗人的白居易暮年因洛阳杨氏旧宅营建宅园，宅广17亩，房屋约占面积1/3，水占面积1/5，竹占面积1/9，而园中以岛、树、桥、道相间；池中有三岛，中岛建亭，以桥相通；环池开路，置西溪、小滩、石泉及东楼、池西楼、书楼、台、琴亭、涧亭等，并引水至小院卧室阶下，又于西墙上构小楼，墙外街渠内叠石植荷，整个园的布局以水竹为主，并使用划分景区和借景的方法。至于上层阶级欣赏奇石的风气，从南北朝到唐朝，逐渐普遍起来，尤以出产太湖石的苏州为甚，园林中往往用怪石夹廊或叠石为山，形成咫尺山岩的意境。五代卫贤所绘《高士图》中的山间住宅，在一定程度上反映了当时房屋、山石、花木相结合的情况。

在家具方面，从隋、唐到五代，席地而坐与使用床（榻）的习惯依然广泛存在。床（榻）下部，有些还用壸门作装饰，有些则改为简单的托脚。嵌钿及各种装饰工艺已进一步运用到家具上。但另一方面，垂足而坐的习惯，在隋唐时期从上层阶级起逐步普及全国。据敦煌壁画和五代《韩熙载夜宴图》所示，已有长桌、方桌、长凳、腰圆凳、扶手椅、靠背椅、圆椅和回形平面的床。在大型宴会的场合，出现了多人列坐的长桌及长凳。可见后代的家具类型，在唐末五代之间已经基本具备。家具的式样简明、朴素大方，桌椅的构件有些做成圆形断面，既切合实用，线条也柔和流利。五代王齐翰《勘书图》中的三折大屏风附有木座，置于室内后部中央，成为人们起居活动和家具布置的背景，使室内空间处理和各种装饰开始发生变化，与席地而坐

叠石为山的建筑风格

的建筑已迥然不同了。

宋朝住宅与居民生活

宋朝农村住宅见于《清明上河图》中的比较简陋，有些是墙身很矮的茅屋，有些以茅屋和瓦屋相结合，构成一组房屋。城市的小型住宅多使用长方形平面，梁架、栏杆、棂格、悬鱼、惹草等具有朴素而灵活的形体。屋顶多用悬山或歇山顶，除草葺与瓦葺外，山面的两厦和正面的庇檐（或称引檐）则多用竹篷或在屋顶上加建天窗。而转角屋顶往往将两面正脊延长，构成十字相交的两个气窗。稍大的住宅，外建门屋，内部采取四合院形式。有些院内种花植树，美化环境。此外，王希孟《千里江山图》所绘住宅多所，都有大门、东西厢房，而主要部分是前厅、穿廊、后寝所构成的工字屋，除后寝用茅屋外，其余覆以瓦顶。另有少数较大住宅则在大门内建照壁，前堂左右附以挟屋。这些都在一定程度上反映了当时大中地主住宅的情况。

贵族官僚的宅第外部建乌头门或门屋，而后者中央一间往往用"断砌造"，以便车马出入。院落周围为了增加居住面积，多以廊屋代替回廊，因而四合院的功能与形象发生了变化。这种住宅的布局仍然沿用汉以来前堂后寝的传统原则，但在接待宾客和日常起居的厅堂与后部卧室之间，用穿廊连成丁字形、工字形或王字形平面，而堂、寝的两侧，并有耳房或偏院。除宅第外，宋朝官署的居住部分也采取同样布局方式。房屋形式多是悬山式，饰以脊兽和走兽。北宋时虽然规定除官僚宅邸和寺观宫殿以外，不得用斗栱、藻井、门屋及彩绘梁枋，以维护封建等级制度，但事实上有些地主富商并不完全遵守。

据南宋绘画描写的，当时江南一带有利用优美的自然环境建造住宅的。这种住宅的布局，有些采用规整对称的庭院，有些则房屋参错配列，或临水筑台，或水中建亭，或依山构廊，既是住宅，又具有园林风趣，这是它的主要特点。

从东汉末年开始，经过两晋南北朝，陆续传入垂足而坐的起坐方式，和适应这种方式的桌、椅、凳等，到两宋时期，历时几达千年，终于完全改变了商周以来的跪坐习惯及其有关家具等。这时期桌椅等日用家具在民间已十分普遍，同时还衍化出很多新品种，像圆形和方形的高几、琴桌与床上的小炕桌等。

在家具的造型和结构方面，这时期出现一些突出的变化，首先是梁柱式的框架结构，代替了隋唐时期沿用的箱形壸门结构。其次，大量应用了装饰性的线脚，丰富了家具的造型。如桌面下开始用束腰，枭混曲线的应用也十分普遍；桌椅四足的断面除了方形和圆形以外，往往做成马蹄形。这些造型与结构的特征，都为后来明、清家具的进一步发展打下了基础。

　　随着起坐方式的改变，家具的尺度都相应地增高了，在一定程度上也影响了建筑室内高度的增加。家具在室内的布置也有了一定格局，大体上有对称和不对称两种方式。一般厅堂在屏风前面正中置椅，两侧又各有四椅相对，或仅在屏风前置二圆凳，供宾主对坐。但书房与卧室的家具布局采取不对称方式，没有固定的格局。另外，适应宴会等特殊要求，家具的布置也出现若干变化。

　　明朝统治者继承过去传统，制订了严格的住宅等级制度："一品二品厅堂五间九架……三品五品厅堂五间七架……六品至九品厅堂三间七架……不许在宅前后左右多占地，构亭馆，开池塘，""庶民庐舍不过三间五架，不许用斗拱，饰彩色。"不过后来有不少达官贵人、富商和地主不遵守这些规定，如文献载清朝京师（今北京）米商祝氏屋宇多至千余间，园亭瑰丽；江苏泰兴季姓官僚地主家周匝数里。现存明代住宅如浙江东阳官僚地主卢氏住宅经数代经营，成为规模宏阔、雕饰豪华的巨大组群；安徽歙县住宅的装修和彩画也以精丽见称。

　　这时期的住宅仍随着民族、地区和阶级的不同，产生了很大差别，但总的来说，无论在数量和质量上都有了不少发展。

明清民居

　　中国古代建筑以木结构为主。木结构容易着火且易腐朽，通常无法长久保存。古代民居的使用者更替频繁，保护不完善，更难以留存至今。今天，我们看到的古代民居主要是明清时期（1368～1911年）的建筑。

　　明清民居的地域性和民族性特点十分突出，常见的汉族民居有四合院、晋陕窄院、西北窑洞、水乡民居、徽州民居、福建土楼等多种类型。

　　四合院是河北、山东、东北等北方民居共有的平面布局，以北京四合院最为典型。四合院标准模式是一组三进院落，其中第二进为主院落，主院落中坐北朝南的为正房。四合院是中国传统住宅中最具代表性的正统形制。

　　晋陕窄院主要分布于山西晋中和陕西关中地区，以窄长形的内院为主要特征，其平面布局同样以"一正两厢"为基本形。我们熟悉的"乔家大院"就是典型的晋陕窄院。

第五章 古代民居建筑

乔家大院

窑洞是北方黄土高原上一种独特的民居形式，它充分利用环境，是一种现代的穴居形式。窑洞中最奇特的当数天井窑，其所有建筑均位于地面以下。

安徽东南部和江西东北部部分地区古称徽州，此处的明清古民居亦称"徽州民居"。这里地少人多，通常以高大山墙围起狭窄的方形院落。下雨时，四面雨水沿向内倾斜的屋顶汇入天井，称"四水归堂"。

江南地区水网密布，民居通常位于水边。邻水一面有时下层打通，形成廊道；或直接面河开门，方便使用河水或水上出行。

土楼主要分布于今福建省南部，是当地的一种客家民居。土楼多为圆形，多人聚集而居，内有水源，封闭性强，有很强的防御能力，由古代坞堡演变而来，是北方汉人南迁后应对生存威胁的产物。

知识链接

乔家大院

山西省晋中市乔家大院位于山西祁县乔家堡村。大院为全封闭式的城堡式建筑群，建筑面积4175平方米，分6个大院，20个小院，313间房屋。大院三面临街，不与周围民居相连。外围是封闭的砖墙，高10米有余，上层是女墙式的垛口，还有更楼，眺阁点缀其间，显得气势宏伟，威严高大。大门坐西朝东，上有高大的顶楼，中间城门洞式的门道，大门对面是砖雕百寿图照壁。大门以里，是一条石铺的东西走向的甬道，甬道两侧靠墙有护墙围台，甬道尽头是祖先祠堂，与大门遥遥相对，为庙堂式结构。北面三个大院，都是芜廊出檐大门，暗棂暗柱，三大开间，车轿出入绰绰有余，门外侧有栓马柱和上马石,从东往西数,依次为老院、西北院、书房院。所有院落都是正偏结构,正院主人居住,偏院则是客房佣人住室及灶房。在建筑上偏院较为低矮,房顶结构也大不相同,正院都为瓦房出檐,偏院则为方砖铺顶的平房,既表现了伦理上的尊卑有序,又显示了建筑上的层次感。被专家学者誉之为:"北方民居建筑史上一颗璀璨的明珠",因此素有"皇家有故宫,民宅看乔家"之说,名扬三晋,誉满海内外。

第二节 民居艺术鉴赏

北方的四合院

　　四合院是北方最基本的住宅形式,其中尤其以北京的四合院最为典型。它的基本形式是由几幢单体建筑,分别放在东南西北四面,建筑之间用廊子联系组成一个方形院落,所以称为四合院。

　　四合院的主要建筑称正房,都坐北朝南;两边东西向的房屋称厢房;南面是一排廊子,中间开一道门称二门;二门内部为四合院的内院,二门外是东西狭长的前院;院南面是一排称作倒座的房屋,四合院的大门就设在东南角上;在正房的北面还有一排后罩房。这些房屋的用处是:正房为一家的主人住房,东西厢房为儿女辈使用,前院倒座作待客的客房和男仆使用,后罩房作为库房、厨房和仆人用房,有时在正房两侧加建称为耳房的小屋多作厨房、厕所等用。这是北京四合院的标准形式。

有的小型四合院只有一道院落,正门进去直接到内院,既无前院,也没有后罩房;有的大型四合院则用几重院落前后重叠或左右并列在一起;有的还附有花园以满足富有的几代同堂大家庭的需要。

四合院房屋的门窗都开在朝院里的一面,背面除临街的一面有时开有小窗外,其余都不开窗,形成一个四外封闭的内向的住宅空间。这样的布置,一方面符合长幼有序、内外有别等一套传统的宗法观念,同时又满足一个家庭生活上的需要。

从大门进去,迎面有一堵称为影壁的短墙,上面有装饰雕刻,可以起到遮挡作用,不使人一进门就直接见到内院的住房,同时也是进大门第一眼能见到的景观。内院多种花木,品种随主人的喜好而定,经常种的有海棠、柿子、紫荆、紫薇等树木和芍药、月季、玉簪、菊、莲荷等花卉。院子中央有十字形砖石铺砌的路,四周房屋用廊子相连以便雨雪天行走。整座四合院避开了城市的喧哗,创造了一个宁静、亲切的环境。

东北地区的四合院虽然也是由四面房屋组成院落,但由于这个地区地广人稀,当地多用马车作交通工具,又加以气候寒冷,所以这里的四合院占地比较大,院子宽敞,便于车马回旋。尤其院子的东西方向长,以便使正房更多地受到日照。大门开在南面的中央,门较宽,没有高起的台阶,便于车马进出。山西一些城市的四合院和东北的又不一样,因为城市用地紧张,每一户又都要临着街道,所以只能占据一小块临街的面积,同时也为了避免夏季烈日对正房的照晒,所以形成的四合院多呈南北长、东西窄的狭长条形状。

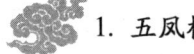 福建土楼

土楼民居是中国重要的传统民居种类之一,主要集中在福建省一带,所以,我们通常在说到土楼时都称其为福建土楼。

福建土楼根据产生年代和平面形式的不同,可分为五凤楼、方形土楼、圆形土楼三种。土楼是一种防御性很强的民居形式,特别是方形土楼和圆形土楼,几乎为封闭状态。

1. 五凤楼

五凤楼式的土楼,主要集中在福建永定县境内。

五凤楼最标准的平面形式是三堂两横。三堂两横式五凤楼的主体建筑是三堂，即下堂、中堂、主楼，这三部分沿着整个建筑的中轴线由前至后布置，其间有天井隔开。

三堂中的下堂是门厅；中堂是聚会大厅，是家族议事或举行各种聚会的地方；下堂与中堂都是单层建筑，而主楼则大多为三至五层。主楼底层正中是祖堂，是供奉家族祖先牌位的地方，祖堂的左右房间和上面的各个房间都是家族成员的居室。

三堂之间为天井院，三堂两侧均有厢厅，并有通道可达与中轴线平行的长形屋子，也就是横屋。横屋也是家族成员的居室，并从前至后排列，高度呈逐渐递增之势，最后一幢横楼的高度几乎与主楼相同。这样的横屋就像是展开的大鸟翅膀，与重心建筑主楼相结合，俯瞰其气势如一只展翅欲飞的凤凰，所以称之为五凤楼。

永定高陂镇大塘角村的大夫第，就是一座具有代表性的三堂两横式五凤楼。

当然，五凤楼也有一些变化形式。较小型的五凤楼，一般只建有三堂，甚至只建两堂；而较大型的五凤楼，则在标准形式的基础上，再加建堂屋或横屋，形成六堂两横或三堂四横等形式。

不论哪种形式的五凤楼，都很讲究先后与高低顺序，长幼尊卑清楚明确。房屋要前低后高，比如，中堂是五凤楼的中心，所以比下堂高半阶，且进深也多出一倍，以示前后伦常有序；并且高低还与居住者的身份与辈分相应，各有合理的安排；标准的五凤楼中堂必须是平房，人在堂内抬头即可见屋顶的内面。

福建土楼

此外，在五凤楼建筑的最后部有块地，被矮墙围护着，形成一个前低后高的半圆形场院，这个地方非常神圣，不允许孩子来此玩耍。这也是五凤楼讲究伦常规矩的一个重要表现。

五凤楼多建在前低后高的山脚地带，庞大的建筑与山体相互呼应、相互映衬，非常突出且有气势。其建筑的屋顶多为歇山顶式，屋面的坡度舒缓而檐端平直，这明显地保留有汉唐时代的风格。五凤楼外观看起来赏心悦目，居住在其中也很舒适。

但由于五凤楼占地面积巨大，所用材料很多，加之它的防御性不是很完善，所以人们改建方形土楼。但我们还是可以从五凤楼中，看到许多中国古代中原地区理想建筑模式的要素。

 2. 方形土楼

方形土楼的早期屋顶还保留了一些五凤楼的特点，如屋顶层层叠落，前低后高。后来，方形土楼的建筑就越来越简单，最终形成了下部墙体四四方方、上部屋顶四角相连的模式，所以又称四角楼。

方形土楼的造型繁多。有正方形平面，有长方形平面；屋顶有四面围合的，有两侧带歇山的；有前面一排横屋顶低于后面一排横屋顶、两侧屋顶前低后高、层层叠落的；有些方形土楼前面再建前院，有些楼里面又建楼，即楼心；还有两侧建护楼的；更有一种四角抹圆的圆角方楼。

方形土楼里面的布局一般有内通廊式和单元式两种，且绝大部分是内通廊式。内通廊式就是在每层楼靠院子一侧设有一圈走廊，沿走廊可绕院落一周，每间房有门与走廊相通。单元式是指每一户都独自拥有从底层至顶层的独立单元，左右均不与邻居房屋相通。

南靖县梅林乡璞山村的和贵楼，是典型的内通廊式方楼。平和县霞寨镇西安村的西爽楼，则是典型的单元式方楼。

 3. 圆形土楼

圆形土楼是中国最神秘、最吸引人的一种民居形式。

圆形土楼的最大特点就是，在圆楼内还建有圆楼，形成一环一环的建筑形状。最外环最高，利于防御，一般为二至六层，多为三层；内环高度不可超过外环，这样，建筑不会显得拥挤而又利于采光、通风。

圆形土楼和方形土楼一样，有内廊式和单元式两种。不过，圆楼比方楼有更多的优点：方楼的四角光线暗，通风差，又临楼梯干扰大，而圆楼则不存在这些缺点；圆楼内分配后的每个房间是呈扇形，以土墙承重的外弧长，以木构架承重的内弧短，因此，同样面积的扇形房间比矩形房间更节省木料。

承启楼是圆形土楼的代表，甚至可以说它也是整个福建土楼的代表。

承启楼位于永定县古竹乡高北村。楼的整体布局为四环楼加一院的形式。最外圈是一座高四层的环形楼房，屋顶为两坡水的形式，造型非常简洁、明了，而且如此干脆利落的直线形恰好与整个楼的圆形成对比。

外环楼每层有72个房间，四层共288间。一层为厨房、餐室，二层是仓库，三四层都是卧室。这些房间与外墙组成楼体。外墙由土垒砌而成，底层最厚，达1.5米，往上逐渐变窄，顶层的厚度只有1米了。如此的构筑，既满足防御的需要又减轻了墙体的重量。土墙里面用竹片做成墙筋，以增加墙的韧性和强度。环楼朝向里的一面，每一层都建有一圈内通式走廊，人可沿此廊环绕院落一周。

外环楼向内的第二圈楼高两层，每层40个房间，两层共80间。第三圈是平房，有32个房间，全部是客厅，每个门前都有一个小天井。再往里就是中心院落了，中心院落是由祖廊、回廊、半圆形的天井组成的单层的圆屋，其中最重要的建筑就是祖堂，祖堂是祭祖和举行家族大礼的地方，设在院落的中央。

沿祖堂正面向前至外环楼，在其中心线也就是整个建筑的中轴线上，每个建筑内建门厅，墙上辟门，而位于外环楼墙上的门也就是承启楼的大门。此外，外环楼墙上还另开有两个侧门。

由于各环楼顶为圆形，因此顶部铺瓦要呈放射状才合理。但普通百姓并没有条件使用如此多大小不一的瓦，所以每铺一段房顶就会产生很大的误差，人们便在内侧屋顶每隔一段设置一个三角形的收分，当地人称其为剪瓦；同样，在外屋顶也有此问题，人们在其上每隔一段也设置一个三角形，只是走势上与内屋顶相反，是往下开口的，称为开叉。里面每圈环楼都是如此形式。

圆形屋顶的外部出檐较多，这很好地保护了土墙，使之免受雨水浇淋。

承启楼建筑巨大，但其中的住房大小均等，这与五凤楼相比，完全没有所谓的尊卑等级，人与人之间和谐平等。

"四水归堂"——天井民居

中国江南地区的住宅名称很多，平面布局同北方的"四合院"大体一致，

第五章 古代民居建筑

只是院子较小,称为天井,仅作排水和采光之用("四水归堂"为当地俗称,意为各屋面内侧坡的雨水都流入天井)。这种住宅第一进院正房常为大厅,院子略开阔,厅多敞口,与天井内外连通。后面几进院的房子多为楼房、天井更深、更小些。屋顶铺小青瓦,室内多以石板铺地,以适合江南温湿的气候。江南水乡住宅往往临水而建,前门通巷,后门临水,每家自有码头,供洗濯、汲水和上下船之用。

以苏州为代表,房屋多依水而建,门、台阶、过道均设在水旁,民居自然被融于水、路、桥之中,多以楼房、砖瓦结构为主。青砖蓝瓦、玲珑剔透的建筑风格,形成了江南地区纤巧、细腻、温情的水乡民居文化。古老的苏州河两岸民居是典型的小桥、流水、人家意境所在。

中国南方炎热多雨而潮湿,人稠山多地窄,故重视防晒通风,布局密集而多楼房。墙头高出屋顶,作阶梯状,砖墙抹灰,覆以青瓦墙檐,白墙黛瓦,明朗而素雅,是南方建筑一大造型特色。天井民居以中国东南部皖南赣北即徽州地区最为典型。其特点主要表现在村落选址、平面布局和空间处理等方面。

其中,村落选址符合天时、地利、人和皆备的条件,达到"天人合一"的境界。村落多建在山之阳,依山傍水或引水入村,和山光水色融成一片。住宅多面临街巷。整个村落给人幽静、典雅、古朴的感觉。

平面布局及空间处理可谓结构紧凑、自由、屋宇相连,平面沿轴向对称

白墙黛瓦的苏州园林

布置。建筑形象突出的特征是：白墙、青瓦、马头山墙、砖雕门楼、门罩、木构架、木门窗。内部穿斗式木构架围以高墙，正面多用水平型高墙封闭起来，两侧山墙做成阶梯形的马头墙，高低起伏，错落有致，黑白辉映，增加了空间的层次和韵律美。民居前后或侧旁设有庭园，置石桌石凳，掘水井鱼池，植果木花卉，甚至叠山造泉，将人和自然融为一体。大门上几乎都建门罩或门楼，砖雕精致，成为徽州民居的一个重要特征。

"一颗印" 民居

云南滇中高原地区，四季如春，无严寒，多风，住房墙厚重。最常见的形式是毗连式三间四耳，即正房三间，耳房东西各两间，有些还在正房对面，即进门处建有倒座房。通常为楼房，为节省用地，改善房间的气候，促成阴凉，采用了小天井。外墙一般为无窗高墙，主要是为了挡风沙和安全，住宅地盘方整，外观方整，当地称"一颗印"。

"一颗印"民居的大门开在正房对面的中轴线上，设倒座或门廊，一般进深为八尺，有楼，无侧门或后门，有的在大门入口处设木屏风一道，由四扇活动的格扇组合而成，平时关闭，人从两侧绕行。每逢喜庆节日便打开屏风，迎客入门，使倒座、天井、堂屋融为一个宽敞的大空间。"一颗印"民居主房屋顶稍高，双坡硬山式。厢房屋顶为不对称的硬山式，分长短坡，长坡向内院，在外墙外作一个小转折成短坡向墙外。院内各层屋面均不互相交接，正房屋面高，厢房上层屋面正好插入正房的上下两层屋面间隙中，厢房下层屋面在正房下层屋面之下，无斜沟，减少了梅雨的麻烦。外墙封闭，仅在二楼开有一两个小窗，前围墙较高，常达厢房上层檐口。农村的"一颗印"民居，为了适应居民的生活习惯和方便农民在堂屋及游春上干杂活，堂屋一般不安装格子门，这样堂屋便和游春浑然一体了。而城里的"一颗印"民居，堂屋一般都安装有格子门。

"一颗印"无论是在山区、平坝、城镇、村寨都宜修建。可单幢，也可联幢，可豪华，也能简朴，千百年来是滇池地区最普遍、最温馨的平民住宅。

"阿以旺" 民居

阿以旺式民居由阿以旺厅而得名，"阿以旺"是维吾尔语，意为"明亮的处所"，它是新疆维吾尔族民居享有盛名的建筑形式，具有十分鲜明的民族特

第五章 古代民居建筑

点和地方特色，已有2000多年历史。

新疆维吾尔自治区地处祖国西北，地域辽阔，是多民族聚居的地区。新疆属大陆性气候，气温变化剧烈，昼夜温差很大，素有"早穿皮袄午穿纱，晚围火炉吃西瓜"的说法。维族的传统民居以土坯建筑为主，多为带有地下室的单层或双层拱式平顶，农家还用土坯块砌成晾制葡萄干的镂空花墙的晾房。住宅一般分前后院，后院是饲养牲畜和积肥的场地，前院为生活起居的主要空间，院中引进渠水，栽植葡萄和杏等果木，葡萄架既可蔽日纳凉，又可为市场提供丰盛的鲜葡萄和葡萄干，从而获得良好的经济效益。院内有用土块砌成的拱式小梯通至屋顶，梯下可储物，空间很紧凑。

新疆特有的气候特征，是维吾尔族人民创造出"阿以旺"民居的最主要的源泉。"阿以旺"完全是室内部分，是民居内共有的起居室；但从功能分析，它却是室外活动场地，是待客、聚会、歌舞活动的场所。"阿以旺"比其他户外活动场所如外廊、天井等更加适应风沙、寒冷、酷暑等气候特点。这是一种根植于当地地理、文化环境中的本土建筑。

在建筑装饰方面，多用虚实对比、重点点缀的手法，廊檐彩画、砖雕、木刻以及窗棂花饰，多为花草或几何图形；门窗口多为拱形；色彩则以白色和绿色为主调，表现出伊斯兰教的特有风格。

 碉楼

西藏大部分地区平均海拔高，气候寒冷干燥，荒原上的石头成为人们建筑房屋的主材。藏族人用石块石片垒砌出三四层高的房子，因形似碉堡而得名碉楼。碉楼和民居本是两种不同的建筑类型。居住之处称为住宅，是先民息止之所，也是人类最原初的、最大量的建筑类型。碉楼则为具有防御功能的军事建筑。

在早期社会中，人们以氏族为单位组织生活、生产，并共同抵御外敌入侵。这时候出现的是"依山据险，屯聚相保"的聚落联防形式，并且具防御性的单独碉楼在碉楼与村寨关系中占主导地位。随着社会、经济和文化的发展，氏族社会转入以家庭为单位的家族社会形态。碉楼随之发展的更深层次则是碉楼与居住空间在空间上结合，这就形成了在村落整体防御之外家庭的第二道防御屏障。

碉楼和住宅紧靠在一起，并以门、墙、廊、道、梁柱等结构与住宅统为一体，于是带来了碉楼和民居之间从平面关系到空间组合的相互衔接、渗透、融会的变化。事实上，中国各地的碉楼绝大部分是与院落连在一起的，与院

碉楼

墙组合为一个防御体系,是整个院落或围屋的附属性建筑。这样就出现了另一类空间形态,即碉楼民居,也即《蜀中广记风俗记》所载的"碉巢"。

从地理上看,碉楼民居在国内的分布集中在川西北的羌藏少数民族地区、四川盆地汉族地区、赣南和闽粤客家地区以及广东五邑地区。我们主要从各地碉楼民居形成的文化背景、建筑形制、聚落特征诸方面做一简述,目的在于从历史文化的流变上分析它们之间的异同之处。

在家族制基础上产生的碉楼民居,是羌人生存质量反映在建筑上的一种深化,是一种文明程度进化的表现,也是社会发展的必然。这和汉代望楼、坞堡、阙等高耸建筑物出现的时期大致相同,说明早在汉代,羌汉两个民族已经进行了相当深入的文化交流。

藏族由于宗教原因,在檐上悬挂红、蓝、白三色条形布幔,转角插"幡",形成与素墙面的强烈对比,形成人文景观,具有强烈的民族特色。

蒙古包

蒙古包是蒙古族牧民居住的一种房子。传统上蒙古族牧民逐水草而居,每年大的迁徙有四次,有"春洼、夏岗、秋平、冬阳"之说。蒙古包是草原地区流动放牧的产物,具有制作简便、便于搬运、耐御风寒、适牧等特点。

蒙古包主要由架木、苫毡、绳带三大部分组成。制作不用水泥、土坯、砖瓦,原料非木即毛,可谓建筑史上的奇观,是游牧民族的一大特点。

蒙古包呈圆形,有利于抵御水平风力,是广阔草原合理的选择。架设很简单,一般搭建在水草适宜的地方,根据蒙古包的大小先画一个圆圈,然后便可以开始按照圈的大小搭建。蒙古包搭好后,人们进行包内装饰,铺上厚厚的地毯,四周挂上镜框和招贴画。蒙古包看起来外形虽小,但包内使用面积却很大,而且室内空气流通,采光条件好,冬暖夏凉,不怕风吹雨打,非常适合经常转场的放牧民族居住和使用。

蒙古包的最大优点就是拆装容易,20个小时就能搭盖起来,搬迁简便。一顶蒙古包只需要40峰骆驼或10辆双轮牛车就可以运走。

第五章 古代民居建筑

 窑洞

窑洞是黄土高原上特有的一种民居形式。深达一二百米、极难渗水、直立性很强的黄土，为窑洞提供了很好的发展前提。同时，气候干燥少雨、冬季寒冷、木材较少等自然状况，也为冬暖夏凉、十分经济、不需木材的窑洞，创造了发展和延续的契机。

窑洞具有就地取材，易于施工，便于自建，造价低廉，冬暖夏凉，节省能源，节约占地，有利于生态平衡、隔声、减少污染等优点。

窑洞是孕育人类的摇篮，是中华民族几千年文明史的组成部分。窑洞是人类创造的物质财富之一，有其独特的建筑结构和特点。它承袭了中国古代形成的特有的建筑观念，并由此决定了它的建筑格局。由于自然环境、地貌特征和地方风土的影响，窑洞形成各式各样的形式。从建筑的布局结构形式上划分可归纳为靠崖式、下沉式和独立式三种形式。

1. 靠崖式窑洞。靠崖式窑洞有靠山式和沿沟式，窑洞常呈现曲线或折线形排列，有和谐美观的建筑艺术效果。在山坡高度允许的情况下，有时布置几层台梯式窑洞，类似楼房。

靠崖式窑洞是将山坡一面垂直铲平，然后在平面上凿挖窑洞，窑洞一般修在朝南的山坡上，向阳，背靠山，面朝开阔地带，少有树木遮挡，十分适宜居住生活。一院窑洞一般修3孔或5孔，中窑为正窑，有的分前后窑，有的1进3开，从外面看4孔要各开门户，走到里面可以发现它们有隧道式小门互通，顶部呈半圆形，这样窑洞空间就会增大。

2. 下沉式窑洞。下沉式窑洞就是地下窑洞，主要分布在黄土塬区——没有山坡、沟壁可利用的地区。这种窑洞的做法是：先就地挖下一个方形地坑，然后再向四壁挖窑洞，形成一个四合院。进入村内，只闻人言笑语，鸡鸣马欢，却不见村舍房屋，所谓"进村不见房，见树不见村"。外地人又称它是"地下的四合院"。

下沉式窑洞是在平地上挖坑，深7米余，四周见方，然后在坑的四壁下部凿挖窑洞，形成天井式四方宅院。从窑院一角的一孔窑洞内凿出一条斜坡甬道通向地面，为住户进出之阶梯式通道。下沉窑院内设置有渗水井，院内一般都种有高大树木，沿窑院顶部四周筑有带排水檐道的砖墙。宅院内有作粮仓用的窑洞，顶部开有小孔，直通地面打谷场，收获之时可直接将谷场的

粮食灌入窑内粮仓，平时孔口置避雨席棚。宅院内有单独窑洞，可作鸡舍牛棚。天井窑院还有二进院、三进院等，即多个井院的组合。

3. 独立式窑洞。独立式窑洞又称锢窑，是一种掩土的拱形房屋，有土坯拱窑洞，也有砖拱、石拱窑洞。这种窑洞无需靠山依崖，能自身独立，又不失窑洞的优点。可为单层，也可建成为楼。若上层也是锢窑即称"窑上窑"；若上层是木结构房屋则称"窑上房"。

作为地下空间生土建筑类型的窑洞，其建筑艺术特征又与一般建筑大异其趣。

窑洞建筑是一个系列组合。窑洞的载体是院落，院落的载体是村落，村落的载体是山或川，或黄土大自然。所以这种建筑造型艺术特色从宏观的窑洞聚落的整合美到微观细部的装饰美，无不打上"窑"字号的印记。窑洞村落的"田园风光"情趣，在于在苍凉和壮阔的背景中化呆板单调为神奇。或以院落为单元，或以成排连成线，沿地形变化，随山顶势，成群、成堆、成线地镶嵌于山间，构图上形成台阶形空间，给人以雄浑的壮美感受。大自然稀释了人口，消解了拥挤的喧闹；窑洞又赋予山体以人的生命的活跃，其一派田园风光景象，俨然神笔绘就的水墨画，给人一种疏离的静谧美。

知识链接

大门窗石窑

大门窗石窑是指纯粹用石头圈成，高3.4米左右、宽3米至3.5米的拱形窑洞，多为6～10米深。火炕另盘，形式自取，定有"尺八的锅台二尺的炕"之高低规格。"狗窝，卧下狗，烟洞转开斗，出烟一袖口，风刮如雷吼。"这是烟洞的标准。此种窑洞大门大窗，经久耐用，光线好。陕西榆林的吴堡乡比较多。用料和门面的好坏，主要取决于凿面子的粗细。解放前富户多一寸三錾，特富者上马头石，盖厦檐，顶"露明柱"。穷者手锤科四正即可，甚至有垒"人"字墙面的。全县以宋家条村的石窑为最。宋家川、南山上、砖窑山有天才石，自然白色花面，不需要錾刻，只要凿四正即可。门窗以平檐为主梁，上面是半圆，下面方形窗子和门。门有单扇和双扇两种形式。

第六章

古代园林与祠坛建筑

园林建筑是建造在园林和城市绿化地段内供人们游憩或观赏用的建筑物,常见的有亭、榭、廊、阁、轩、楼、台、舫、厅堂等建筑物。先贤祠和神祠是为了祭奠古代先贤和传说中的神仙而设立的,被视为宗族的象征,是族权与神权交织的中心。而坛则是用于祭祀天、地、社稷等活动的台型建筑。这每一个美妙的建筑都是一则神话,都有一个故事,在本章中,让我们用心去聆听、用心去体会。

第一节
园林建筑

 颐和园

颐和园位于北京市西北的海淀区，距北京城区15千米。它是利用昆明湖、万寿山为基址，以杭州西湖风景为蓝本，吸取江南园林的某些设计手法和意境而建成的一座大型天然山水园，占地约290公顷，是我国现存规模最大、保存最完整的皇家园林之一。

风景优美的颐和园

1998年11月被列入《世界遗产名录》。

颐和园，始建于1750年，1860年在战火中严重损毁，1886年在原址上重新进行了修缮。颐和园集传统造园艺术之大成，万寿山、昆明湖构成其基本框架，借景周围的山水环境，饱含中国皇家园林的恢弘富丽气势，又充满自然之趣，高度体现了"虽由人作，宛自天开"的造园准则。颐和园亭台、长廊、殿堂、庙宇和小桥等人工景观与自然山峦及开阔的湖面相互和谐、艺术地融为一体，整个园林艺术构思巧妙，是集中国园林建筑艺术之大成的杰作，在中外园林艺术史上地位显著。

第六章 古代园林与祠坛建筑

1. 万寿山

万寿山属燕山余脉，高 58.59 米。建筑群依山而筑，万寿山前山，以八面三层四重檐的佛香阁为中心，组成巨大的主体建筑群。从山脚的"云辉玉宇"牌楼直至山顶的智慧海，形成了一条层层上升的中轴线。东侧有"转轮藏"和"万寿山昆明湖"石碑。西侧有五方阁和铜铸的宝云阁。后山有宏丽的西藏佛教建筑和屹立于绿树丛中的五彩琉璃多宝塔。山上还有景福阁、重翠亭、写秋轩、画中游等楼台亭阁，登临可俯瞰昆明湖上的景色。

2. 昆明湖

昆明湖是清代皇家诸园中最大的湖泊，湖中一道长堤——西堤，自西北逶迤向南。西堤及其支堤把湖面划分为三个大小不等的水域，每个水域各有一个湖心岛。这三个岛在湖面上成鼎足而峙的布列，象征着中国古老传说中的东海三神山——蓬莱、方丈、瀛洲。由于岛堤分隔，湖面出现层次，避免了单调空疏。西堤以及堤上的六座桥是有意识地模仿杭州西湖的苏堤和"苏堤六桥"，使昆明湖益发酷似西湖。西堤一带碧波垂柳，自然景色开阔，园外数里的玉泉山秀丽，山形和山顶的玉峰塔影排闼而来，被收摄作为园景的组成部分。从昆明湖上和湖滨西望，园外之景和园内湖山浑然一体，这是中国园林中运用借景手法的杰出范例。湖区建筑主要集中在三个岛上。湖岸和湖堤绿树荫浓，掩映潋滟水光，呈现一派富于江南情调的近湖远山的自然美。

3. 后湖的河道与苏州街

后湖的河道与苏州街蜿蜒于万寿山北坡即后山的山麓，造园匠师巧妙地利用河道北岸与宫墙的局促环境，在北岸堆筑假山障隔宫墙，并与南岸的真山脉络相配合而造成两山夹一水的地貌。河道的水面有宽有窄，时收时放，泛舟后湖给人以山重水复、柳暗花明之趣，成为园内一处出色的幽静水景。后山的景观与前山迥然不同，是富有山林野趣的自然环境，林木葱郁，山道弯曲，景色幽邃。除中部的佛寺"须弥灵境"外，建筑物大都集中为若干处自成一体，与周围环境组成精致的小园林。它们或踞山头，或倚山坡，或临水面，均能随地貌而灵活布置。后湖中段两岸，是乾隆帝时模仿江南河街市肆而修建的"买卖街"遗址。

4. 谐趣园

谐趣园原名惠山园,是模仿无锡寄畅园而建成的一座园中园。全园以水面为中心,以水景为主体,环池布置清朴雅洁的厅、堂、楼、榭、亭、轩等建筑,曲廊连接,间植垂柳修竹。池北岸叠石为假山,从后湖引来活水经玉琴峡沿山石叠落而下注于池中。流水叮咚,以声入景,更增加了这座小园林的诗情画意。

避暑山庄

避暑山庄是清代皇帝夏日避暑和处理政务的场所,为中国著名的古代帝王宫苑,始建于康熙四十二年(1703年),建成于乾隆五十五年,历时87年。避暑山庄占地564万平方米。环绕山庄蜿蜒起伏的宫墙长达万米。避暑山庄以朴素淡雅的山村野趣为格调,取自然山水之本色,吸收江南塞北之风光,成为中国现存占地面积最大的古代帝王宫苑。

避暑山庄及周围寺庙是中国现存最大的古代帝王范围和皇家寺庙群。它的最大特色是园中有山,山中有园。避暑山庄不仅规模宏大,而且在总体规划布局和园林建筑设计上都充分利用了原有的自然山水的景观特点和有利条件,吸取唐、宋、明历代造园的优秀传统和江南园林的创作经验,加以综合、提高,把园林艺术与技术水准推向了空前的高度,成为中国古典园林的最高典范。

承德避暑山庄

避暑山庄及周围寺庙是一个紧密关联的有机整体,同时又具有不同风格的强烈对比,避暑山庄朴素淡雅,其周围寺庙金碧辉煌。1994年12月,避暑山庄及周围寺庙被列入世界文化遗产名录。

世界遗产委员会评价:承德避暑山庄是清王朝的夏

季行宫，位于河北省境内，修建于公元1703~1792年。它是由众多的宫殿以及其他处理政务、举行仪式的建筑构成的一个庞大的建筑群。建筑风格各异的庙宇和皇家园林同周围的湖泊、牧场和森林巧妙地融为一体。避暑山庄不仅具有极高的美学研究价值，而且还保留着中国封建社会发展末期的罕见的历史遗迹。

（1）宫殿区。宫殿区是皇帝处理朝政、举行庆典和生活起居的地方，占地10万平方米，由正宫、松鹤斋、万壑松风和东宫四组建筑组成。它布局严谨，建筑朴素，景区自然野趣，宫殿与天然景观和谐地融为一体，达到了回归自然的境界。山庄融南北建筑的艺术精华，园内建筑规模不大，殿宇和围墙多采用青砖灰瓦，原木本色，淡雅庄重，简朴适度，与京城故宫的黄瓦红墙、描金彩绘、堂皇耀目呈鲜明对比。山庄的建筑既具有南方园林的风格、结构和工程做法，又多沿袭北方常用的手法，成为南北建筑艺术完美结合的典范。

（2）湖泊区。湖泊面积包括洲岛约占43公顷，有8个小岛屿，将湖面分割成大小不同的区域，层次分明，洲岛错落，碧波荡漾，富有江南鱼米之乡的特色。东北角有清泉，即著名的热河泉。此区总体结构以山环水、以水绕岛，布局运用中国传统造园手法，组成中国神话传说中的神仙世界的构图。多组建筑巧妙地营构在洲岛、堤岸和水面之中，展示出一片水乡景色。湖区的风景建筑大多是仿照江南的名胜建造的，如烟雨楼是模仿浙江嘉兴南湖烟雨楼的形状建筑的，金山岛的布局仿自江苏镇江金山。

（3）平原区。地势开阔，有万树园和试马埭，碧草茵茵，林木茂盛，一派茫茫草原风光。当年这里有万树园，山区自南而北，由四条沟壑组成，依次为榛子峪、松林峪、梨树峪、松云峡。山峦之中，古松参天，林木茂盛，原建有四十多组轩斋亭舍、佛寺道观等建筑，但多已只存基址。平原区西部绿草如茵，一派蒙古草原风光；东部古木参天，具有大兴安岭莽莽森林的景象。

（4）山峦区。面积约占全园的4/5，这里山峦起伏，沟壑纵横，众多楼堂殿阁、寺庙点缀其间。

（5）外八庙。其名称分别为：溥仁寺、溥善寺（已毁）、普陀宗乘之庙、须弥福寿之庙、普乐寺、普宁寺、安远庙、殊像寺。外八庙以汉式宫殿建筑为基调，吸收了蒙、藏、维等民族建筑的艺术特征，创造了中国多样统一的寺庙建筑风格。

北海

　　北海位于北京紫禁城的西面，占地面积 70 多万平方米，是北京城内规模较大的一座皇家园林。北海的发展历史显然比不上颐和园那样步履艰辛，几度危机，总的来说它的建成是一帆风顺的。北海的历史可追溯到 800 年前。早在辽代时，就因这里自然山水景观优美，成为皇家专用的游赏之处。后来金朝统治者又在此基础上修筑亭馆，形成了人工与自然相结合的最初景观形态。直到元代定都北京，北海才正式成为皇城内苑。

　　当然今天的规模是成于明清两朝。此园总的格局是以琼华岛为中心，四面环水；岛以顶部的白塔为圆点，周围散布着十多处殿、台、楼、阁；而在南北向上，善因殿、普安殿、正觉殿、堆云积翠牌楼、永安石桥、团城形成一条轴线；东西向上，智珠殿、木牌楼、石桥形成另一轴线。造型优美的白塔高高矗立在岛顶，众多形态各异的亭、台掩映在郁郁葱葱的林木中，若隐若现。

　　春季，缀满嫩芽的柳枝低垂在水面，整个琼华岛倒映在水中，水天相接，仿若仙境；夏季到来，满池荷叶衬着那一岛的浓绿，更是令人心醉；而冬天，当皑皑的白雪铺满大地，万绿尽褪，洁白的塔静静立于岛顶，显得悠远缥缈，颇有一股难以言说的禅意。

1. 琼华岛

　　除了中心的白塔区外，南部是琼华岛的主体所在，而建于清乾隆八年（1743 年）的永安寺，又是琼华岛南部的主体。寺的第一座建筑是山门，内供四大天王像。山门后院内东西设有钟、鼓楼，正北为法轮殿。

　　法轮殿是永安寺的主体大殿，单檐歇山灰瓦顶，面阔五开间，前带廊，设隔扇门窗，廊柱与门窗均为朱红色，在阳光的照耀下十分亮丽。额枋上则布满了青绿色的彩画，一改往昔的艳丽而清丽出场，反而另有千秋。大殿下部为方砖铺砌的基座，前部正中有台阶上下。基座、台阶与墙体下部皆为白色，洁净、幽雅，既衬托出大殿的肃穆、宁静气氛，又与红、绿色形成对比。

　　法轮殿内供有释迦牟尼和八大弟子及十八罗汉等佛像，皆为铜铸镏金像。

佛祖神态庄严、慈祥，端坐莲台；八大弟子侍立两旁，衣带飘飘，较为灵活随意。

法轮殿后院中间有宽阔的青石台阶，沿阶而上可达寺院后坡的平台，台中央有一座建于乾隆十七年（1752年）的宽大的牌楼，四柱三楼式，名为龙光紫照。其东西各有一座碑亭，造型极为别致，建于乾隆三十九年（1774年）。东亭名为引胜，西亭名为涤霭。亭内各有一通石碑，所刻碑记均为乾隆手书。引胜碑上刻的是《白塔山总记》，用满、汉、蒙、藏四种文字刻于碑的四面；涤霭碑上只用汉文刻有《塔山南面记》《塔山北面记》《塔山东面记》和《塔山西面记》。两碑亭的后面，各有一块颇有欣赏价值的奇异巨石，分别有乾隆御笔所题石名昆仑、岳云及诗文。两石之后是太湖石堆成的山洞，名为楞伽窟，也成于乾隆年间。

永安寺北上为白塔寺建筑群，顺治年间修建，主要建筑有普安殿、善因殿和白塔。

普安殿是白塔寺的主殿，建筑较为辉煌富丽。殿前带有廊，立有粗大圆润的朱红色廊柱，柱后是朱红色的通透隔扇门窗，隔心雕"米"字形镂空花样，下部的裙板上用柔和的波浪线绘成金黄色的"心"形纹样，别有新意。殿内主供藏传佛教创始人宗喀巴像，左右是他的两位弟子班禅和达赖佛像，另有藏黄教密宗神像。佛像多为金身像，或坐或立，或舞蹈，或骑马，姿势不同，神态也各异，或庄重、严肃，或温和、自然，或凶猛、狰狞，既有佛相也有世俗情态。

顺着普安殿后的石台阶往上攀登，可以直达山顶，也就是白塔所在的位置。这座白塔是因西域喇嘛的请示修建，所以是藏式风格。塔形如一个大肚小口的宝瓶。因塔身洁白而得名"白塔"。白塔为砖、木、石结构，由塔基、塔身、宝顶组成。

塔基为砖石须弥座，座上是三层圆台，有白玉石栏环绕。塔身部最突出的就是大而圆的塔肚，最大处直径达14米。塔肚的上部中央辟有一个佛龛，俗称眼光门，边框嵌有精美的琉璃装饰，内部有红底金字的藏文图案，

富丽堂皇的白塔

喻吉祥如意。圆肚上面相当于瓶颈的部分，称作相轮，也称十三天。顶部饰有铜制鎏金华盖和宝顶。华盖由天盘、地盘、日、月、火焰组成。地盘的周围还垂挂有十多个铜制风铃，随风摇出悦耳铃声。宝顶的束腰处雕刻有动物、花草图案。

　　白塔前面的那座金碧辉煌的佛殿就是善因殿。殿体坐落在高高的红墙上面，墙的边缘围有汉白玉石栏杆，精美洁净。善因殿的造型较为特别，有两层殿檐，下为方形，方正平稳；上为圆形，圆润小巧；顶上立铜制鎏金宝顶，金光熠熠。而最为特别的是在小殿的壁面上，镶嵌有一排排的琉璃小佛，精致无比。

　　善因殿体量小巧，而下面的墙基宽大，所以殿前有开敞广阔的空间，可以伫立观景。凭栏俯瞰，既能观琼华岛之景，也能欣赏北海其他景致，甚至可以远眺北京南城的风貌，一举两得，完美呈现，精湛的造园艺术令人不得不佩服，实为佳作。

　　近处的琼华岛林木浓郁，生机盎然，亭、台、楼、阁、殿、堂、庙，或隐或现掩映在层层绿树中，红、黄、白、绿，五彩缤纷。幽深宁静中隐藏着众多活泼的小影，给人带来无尽的遐想。岛前即是波光粼粼的太液池，轻烟笼罩，垂柳拂堤。静时倒映出琼华岛瑰丽的身影，真如缥缈的仙境神府；动时则水波涌现，前赴后继，连绵不断地拍打堤岸，仿佛要带领琼华岛与堤岸尽情舞蹈一番。

　　越过池面，远望是兼具古雅气质与现代特点的北京城。那曾经森严的紫禁城，如今依然巍严、辉煌地矗立，更有青翠的景山、连绵的西山相互辉映，衬托着宫城，真是气势非凡，辽阔壮美。日落西山后，点点星光，万家灯火，尤其令人心旷神怡。恰如"有城千里，玉楼十二，琼华之阙，光壁之堂，九层玄室，紫翠丹房。左带瑶池，右环翠水……"的天宫神苑再现人间。

　　此外，琼华岛北面的延南熏、漪澜堂、碧照楼，东面的半月城，西面的阅古楼也都是较重要而优美怡人的建筑景观。

2. 北岸建筑

　　北海的景区可分为团城、琼华岛、东岸景区、北岸景区等几个区域。除琼华岛外，北岸景区的面积最大。在北岸景区的众多建筑中，最为醒目的是北海北岸的五龙亭。

第六章 古代园林与祠坛建筑

五龙亭是五座亭子,最中间的一座名为龙泽亭,上圆下方双檐攒尖顶;东边为澄祥亭,四角重檐攒尖顶;澄祥亭的东边为滋香亭,四角单檐攒尖顶;龙泽亭的西面为涌瑞亭,与东边的澄祥亭屋顶式样相同,呈对称之势;而最西边的浮翠亭则与滋香亭呈对称之势。

五龙亭的亭顶均覆盖黄色琉璃瓦,下为朱红色亭柱,并分别坐落在一块方形的汉白玉石台基上。五亭整体大致呈左右对称形式但又错落有致;稳重整齐而又富于变化。五龙亭临水而建,自成一景,却又与北海全景融为一体,既不单调孤立,又相互交融,满目皆景,处处入画。

北海的北崖还有一处园中之园,名静心斋。四周被围墙环绕,自成一体。园内好似随意地散布着亭、台、楼、轩、屋等小建筑,其间或有精致的小桥相连,或隔水相望,几近天然。近观水波清澈,小桥造型优美,其上玉石洁白,池边山石层叠,石纹粗犷生动,临水苍松,挺拔虬劲,回廊曲折缘山而上;远看丛林环绕,香花簇拥,屋宇参差,只觉宁静幽深。无论从哪个角度看,都是美妙完整的一景,是小园林中难得的精品。

静心斋的主体建筑是镜清斋,位于全园的第一进院落内,在院内小池的正北面,建于乾隆二十二年(1757年)。镜清斋是一个临水轩堂式建筑,前后皆有水,名称也是因建筑与水相映而得来。山石、屋宇、鲜花、绿树在清凌的池水映照下,洁净高雅。其幽静可比深山古刹,其轻灵飘逸又如人间天堂。

镜清斋面阔五开间,前部带有观景廊,廊下立一排圆润的柱子。屋顶为卷棚式,檐角飞翘。底部是整齐方正的砖砌台基。从整个外观来看,镜清斋在大方庄重中又带有灵动活泼之气。室内桌椅、条几一应俱全,案上摆放有鲜花、盆景点缀,墙上悬挂名家字画,另有精致的"雕龙屏风"一架和珍贵的"百子漆贝方瓶"一对。宽敞的厅室、光洁的几凳、镂空的纱窗,真是窗明几净。

紫禁城御花园

同样是皇家园林,紫禁城御花园却不是如颐和园、北海一样单独辟建,而是附属于皇宫。当皇帝处理完繁多的政务后,来到这里休憩,是怡情养性的理想之地。御花园位于紫禁城的中轴线的北端,面积一万多平方米。园内

钦安殿美景

建筑与景致可大体分为东、中、西三路，基本采取了左右对称的布局。

中路北部大殿名钦安殿，是御花园的主体建筑，前为天一门，两者都在紫禁城的中轴线上。钦安殿建于明朝嘉靖十四年（1535年），是紫禁城中保留下来的少有的明代中期建筑之一。面阔五开间，重檐盝顶，覆黄色琉璃瓦，屋脊侧面雕有金色游龙与小花纹。大殿坐落在一层汉白玉石台基上，四周围绕着玉石栏杆。盘龙望柱头、对龙栏板，与屋脊龙纹上下呼应。

钦安殿是专门用来供神的地方，殿内主要供奉道家和执掌卤簿之神。清朝时在这里祭祀真武大帝，重大节气与七夕日皇帝与后妃还会在此设案烧香行礼。殿前摆放着铜炉宝鼎，在青松翠柏的掩映下，营造出一种清幽肃穆的意境。

钦安殿所在轴线两侧、东西路布置有大致对称的亭、台、楼、阁近二十座。其中的千秋亭和万春亭同建于明代嘉靖十五年（1536年），对称地矗立在东西路的中部。两亭都是上圆下方的重檐攒尖顶形式，顶部立有宝瓶状琉璃宝顶，亭内为盘龙穿花围团凤纹圆形藻井，装饰富丽、华美而又极有生气。

千秋亭、万春亭北为对称而立的澄瑞亭和浮碧亭，建于明朝万历十一年（1583年），两者形制也相仿，单檐攒尖顶，前带卷棚悬山抱厦，凌水而立。

千秋亭、万春亭南面近园角处则对称建有两座较大的轩、堂。东侧的绛雪轩为五开间硬山顶，前带三间卷棚悬山顶抱厦。轩前设黄绿琉璃须弥座，围蓝绿琉璃栏杆，中间置太湖石，栽海棠等各色花木数株。西侧养性斋是座背靠宫墙、坐西朝东的两层楼阁，平面呈凹形，面阔七间带廊，四坡屋顶，装修精致，环境清幽。

园内东路最北端有一处极为优美的山水。山名堆秀，上建御景方亭，是重阳节帝后登高远眺、听泉赏景之处。山石岩洞间有石雕巨狮背驮石盘，中为透雕龙头喷泉，飞珠溅玉。

第六章 古代园林与祠坛建筑

此外，园中各处还适当地穿插有造型奇特、形态各异的盆景，点缀着铜香炉。更有四时常绿的松柏挺拔矗立，使得园内布局齐整规矩而又丰满灵巧。

拙政园与网师园

江南私家园林一般规模较小，造园家的主要构思是"小中见大"，即在有限的范围内运用含蓄、抑扬、曲折、暗示等手法来启动人的主观再创造，造成一种似乎深邃不尽的景境，扩大人们对于实际空间的感受；这些园林大多以水面为中心，四周散布建筑，构成一个个景点，几个景点组合而成景区；修身养性、闲适自娱是园林的主要功能；园主多是文人学士出身，园林风格以清高风雅、淡素脱俗为追求，暗柱青瓦白墙，充溢着书卷气。这种园林可举苏州拙政园（始建于明，1509 年）、网师园（建于清，1795 年）为代表。

拙政园最初十分简淡，现存园貌主要形成于 19 世纪末。全园约呈横向矩形，水面也呈横长形，水中堆出东西两座山岛，用小桥和堤把水面分成数块。在水池西北、西南方向和东南角伸出几条小水湾，岸线弯曲自然，有源源不尽之意。南岸留出较多陆地，建筑主要集中于此，由宅入园的园门开在南墙中部。

入园后用一座假山挡住视线，称为"障景"，绕过假山到达主体建筑"远香堂"，才豁然开朗，一收一放，欲扬先抑。从远香堂北望两座小岛，互成对景。站在园中各处前望都有丰富的景色。由园西"别有洞天"半亭东望，透过纵深水面，南岸建筑迭起，北面树石隐映，水中的"荷风四面亭"和低近水面的"折桥"更增加了景观层次，称为"隔景"。"荷风四面亭"在二桥一堤相会的交点，是环顾四望景色的佳处，也是周围各景点近观的对象和远观的衬托，既能得景又能成景。从园东"梧竹幽居亭"西望，透过水池亭阁，在树梢上可遥见远处的苏州报恩寺塔，将塔景引入园内，称为"借景"。

园之西另有西园，二者通过圆门互通。西园的水廊十分有名，下承石墩，水面探入廊下。廊随墙而行，微有曲折，竖向自然起伏。

网师园是苏州小型园林的上乘之作。园东邻园主住宅，主要园门开在东南角。入门西行通过短廊到达一座厅堂"小山丛桂轩"南侧，挡住北望的视线，只有从厅西折廊迤逦向北，通至轻灵小巧的"濯缨水阁"，才顿觉开朗。与拙政园入口的处理原则一样，也是惯用的欲扬先抑的手法。

水池居中，基本方形，岸石低临，进退曲折，石下水面向内伸进，仿佛波浪冲蚀的意象。由水阁傍西墙北行，有廊渐高，登至"月到风来亭"，有登高一览的效果。亭北通向一苍松翠柏怪石嶙峋之区，体量较大的"看松读画轩"隐在松柏之后。轩东的"集虚斋"为楼，也远离水池，都是为了减弱对池面的压抑感。斋南通过空廊连接附在住宅西墙上称为"射鸭水阁"的半亭，与"月到风来亭"和"濯缨水阁"呈品字相望，组成沿池三角形观景点，互相得景成景。

从以上二例，我们已可感受到中国古典园林精巧细腻的造园手法。

留园

留园也是一处有名的苏州园林。留园占地约30亩，主要分为中部涵碧山房至五峰仙馆、东部冠云峰庭园、北部果树竹林区和西部至乐亭到"活泼泼地"等四大部分。留园也是中心辟水池，但水池的面积相较拙政园要小得多，主景还在山石上，不但小池边堆建假山，而且在小池的中央建有一座仿照蓬莱仙境而造的小岛，称作小蓬莱。

由西南园门进入留园，首先见到的是由古柏与女贞交柯连理而成的"古木交柯"，曲廊环绕，漏窗通透，小院精致雅然。其西北即为相连的明瑟楼与涵碧山房，是留园的主体建筑物之一，位于中部水池的南岸。白色的石头底座浴水而设，使得整个建筑看起来就像漂浮于水面一般。

其中，近水的一面是两层的明瑟楼，楼体与涵碧山房相连相接成一个整体，楼内不设楼梯，若上二楼，必须通过楼侧假山，仿佛是让人在登高远望之前，先仔细欣赏眼前之景。楼与屋相容，造型奇特，低檐平缓，高檐却翻翘向上犹如鸟翅，两者形成强烈对比；而屋顶均为灰色仰合瓦覆盖，在不同中又有一致性。

在明瑟楼前的转角处，有一株高大的青枫树，青枫掩映下，有一临水小阁与明瑟楼斜面相对，这就是"绿荫"。

处于中部最中心的有曲溪楼、清风池馆、西楼、濠濮亭等。曲溪楼位于留园中心水池的东岸，临水而建，与西楼南北并列。曲溪同曲谿，取自

景色宜人的留园

第六章 古代园林与祠坛建筑

《尔雅》"山渎无所通者曰谿",此处以曲溪会意流觞曲水,寄景寓情。曲溪楼体形宽大,长约10米,宽约3米,上下两层,顶为单檐歇山式,覆盖灰瓦,檐角轻盈飞翘,如舒展的鸟翼。楼的下层外观为洁白的墙体,两旁开方形漏窗,中间设八角形洞门,门上墙面嵌有文征明所书"曲谿"砖刻。楼内开放通畅。楼的上层则是封闭的,中间是长排的暗红色隔扇,上有精美的图案,两侧各有一小段白色墙体,墙壁上辟有八角冰纹暗窗,别具特色。红、白、灰组成的淡雅色彩,楼体与灵巧的飞檐,在参差的山石与碧绿的池水映衬下,尤显清新优美,清雅不俗。

光绪年间,盛康得到留园,他在修葺此园时从别处得到了一峰山石,喜爱不已,便特意在园中筑屋辟庭放置,使之成为一处特别风景,此石即为冠云峰。庭院北建冠云楼衬托,前辟小池临照,又是景中之景。此外,石边池前还植花草树木,但都取低矮的灌木、竹与小丛花,以使其不与石峰争势而又能起到很好的陪衬作用。为了突出"冠云"之名,盛氏煞费心机,不过,观此石色泽洁白如玉,形态亭亭玉立宛如仙子,顶部真有如一朵流云飘浮,又似仙子的面纱,确实是难得一见的珍品。

知识链接

苏州园林

苏州园林(或名苏州古典园林)指中国苏州城内的园林建筑,以私家园林为主,起始于春秋时期吴国建都姑苏时(公元前514年),形成于五代,成熟于宋代,兴旺于明代,鼎盛于清代。到清末苏州已有各色园林一百七十多处,现保存完整的有六十多处,对外开放的园林有十九处。占地面积不大,但以意境见长,以独具匠心的艺术手法在有限的空间内点缀安排,移步换景,变化无穷。1997年,苏州古典园林作为中国园林的代表被列入《世界遗产名录》。

第二节
祠坛建筑

 **天坛**

天坛在北京南城正门内东侧，是明清两代皇帝祭天的场所，始建于明永乐十八年（1420年）。祭天的坛平面圆形，称圜丘，改建于清乾隆十七年（1752年）。祈祷丰收的祈年殿重建于清光绪十六年（1890年）。

天坛范围很大，东西1700米，南北1600米，有两圈围墙，南面方角，北面圆角，象征天圆地方。由正门（西门）东行，在内墙门内南有斋宫，供皇帝祭天前斋戒沐浴。再东是由主体建筑形成的南北纵轴线。圜丘在南，三层石台。圜丘北圆院内有圆殿皇穹宇，存放"昊天上帝"神牌，殿内的藻井非常精美。再往北通过称作丹陛桥的大道，以祈年殿结束。

天坛利用环境艺术手法以突出"天"的主题，建筑密度很小，覆盖大片青松翠柏，造成强烈的肃穆崇高的氛围。内墙不在外墙所围面积正中，而是向东偏移，建筑群纵轴线又从内墙所围范围的中线继续向东偏移，共东移约200米，加长了从正门进来的距离。人们在长长的行进过程中，似乎感到离人寰尘世愈来愈远，距神祇越来越近了。空间转化为时间，感情可得以充分深化。园丘晶莹洁白，衬托出"天"的圣洁空灵。它的两重围墙只有1米多高，对比出圆台的高大，也不致遮挡人立台上四望的视线。围墙以深重的色彩对比出石台的白，墙上的白石棂星门则以其白与石台呼应，并有助于打破长墙的单调。长达400米，宽30米的丹陛桥和祈年殿院落也高出周围地面以上，有同样的效果。

祈年殿圆形，直径约24米。三重檐攒尖顶覆青色琉璃瓦，下有高6米的

第六章 古代园林与祠坛建筑

天坛祈年殿

三层白石圆台，连台总高38米。青色屋顶与天空色调相近，圆顺攒尖，似已融入蓝天。所有这些，都在于要造成人天相亲相近的意象。

天坛又广泛使用象征和隐喻手法以渲染主题，如多用圆形平面，圜丘的台阶数、栏杆数、坛上铺石的圈数和每圈石块数，都使用象征"天"的数字九或九的倍数。祈年殿采用与农业有关的历数，以象征四季、十二月和二十四节气。

在形式美的处理上，天坛的建造者们也做了许多努力。如居于轴线两端的皇穹宇、祈年殿形象相近，首尾呼应；南端的圆台圆院与北端的方院又有对比。两者用丹陛桥联系起来，构成一个整体。此外，如各建筑物的尺度、色彩和造型比例都经过仔细推敲，在主要视点处的视觉效果尤其受到重视。站在祈年门的后檐柱处望祈年殿，无论是水平视角和垂直视角，都处于最佳状态，左右配殿都退出在此视野以外，从而突出了祈年殿。

社稷坛

社稷坛位于天安门城楼西侧，现为中山公园。古代帝王祭祀社稷由来已久，《周礼·考工记》中的"左祖右社"制，反映了古代把祭社稷放在与祭祖先同样重要的位置。何谓社稷，《考经纬》称："社，土地之主也，土地阔不可尽敬，故封土为社，以报功也。稷，五谷之长也，谷众不可遍祭，故立稷神以祭之。"在以农业为主的古代中国，祭祀社稷十分重要，早期将太社与太稷分置两坛而祭，直到明永乐定都北京，才把社与稷合而祭之，设社稷坛于紫禁城之右按古制形成"左祖右社"的格局。

　　社稷坛面积360余亩，其中主体建筑由社稷坛、拜殿与勒门三者组成，居于全坛的中轴线上。因为祭祀是由北向南进行，所以最北为勒门，为社稷坛的正门。勒门之南为拜殿，供帝王在祭祀时避风雨之用，拜殿之南为社稷坛，是举行祭祀仪式的地方。坛为方形土台以象征地方之说，边长15米，高出地面约1米，台上铺设五色土。"以玉作六器，以礼天地四方，以仓璧礼天，以黄琮礼地，以青圭礼东方，以赤璋礼南方，以白琥礼西方，以玄黄礼北方。"（见《周礼·春官·大宗伯》）在这里也是在东、南、西、北四个方向分别铺青、红、白、黑四种颜色的土，而以黄色土居中，坛外设墙一周，墙上颜色也按方位分为四色。而且这五色之土皆由全国各地纳贡而来，以表示"普天之下，莫非王土"，帝王一统天下的威望。方坛四周有一道坛墙相围，坛墙很矮，墙面上贴以玻璃砖，也是按东、南、西、北四个方位，分别为青、红、白、黑四种颜色，在每面墙的中部各有一座石造的棂星门，这样的布置不但使祭坛有一个限定的空间，而且也使社稷之坛更具有气势。园内还有许多古柏，大多是明代建坛时所栽，古木虬枝，是祭坛环境的重要组成部分。

太原晋祠

第六章 古代园林与祠坛建筑

太原晋祠

晋祠是为奉祀晋侯祖叔虞而立的祠庙，位于山西太原西南郊悬瓮山麓，全祠依山傍泉，风景优美，具有园林风味，不同于一般庙宇。祠区内中轴线上的建筑，由南向北，依次是：水镜台、会仙桥、金人台、对越坊、钟鼓二楼、献殿、鱼沼飞梁和圣母殿。这组建筑和它东面的唐叔虞祠、关帝庙和文昌宫，及西面的水母楼、难老泉亭等，组成了一个综合建筑群。南北主线上的建筑，配合上东、西两组建筑，本来是不同时期建起来的，集中在一起，却好像都服从于一个精巧的总体设计，并不是杂乱无章地生拼硬凑，而是显得布局紧凑，既像庙观的院落，又像皇室的宫苑。主殿供叔虞之母，称圣母殿，是宋代所建造的。檐口及正脊弯曲明显，殿前廊柱上有木雕盘龙，栩栩如生，斗拱已较唐代繁密，外貌显得轻盈富丽，和唐、辽时期的凝重雄健风格有所不同。殿前汇泉成方形鱼沼，上架十字形平面的桥梁可起殿前平台的作用，构思奇特。殿内所供圣母、宫女、太监等 41 尊宋塑，神态自然，形象优美，生动地描绘了宫廷内各种人物的体态神情，是中国古代雕塑史上的名作。

关帝庙

关帝庙是为了供奉三国时期蜀国的大将关羽而兴建的。关帝庙已经成为中华传统文化的一个重要组成部分，与人们的生活息息相关，并与后人尊称的"文圣人"孔夫子齐名，被人们称之为武圣关公。国内关帝庙林林总总，处处可见。关帝庙建筑艺术是当地建筑艺术的杰出代表，全国规模最大、艺术水平最高的关帝庙当数山西解州关帝庙。

目前的解州关帝庙，总占地面积有 7.3 万平方米之多，为海内外众多关帝庙占地面积之最。解州关帝庙创建于隋开皇九年（589 年），宋朝大中祥符七年（1014 年）重建，嗣后屡建屡毁，现存建筑为清康熙四十一年（1072 年）大火之后，历时十载而重建的。庙以东西向街道为界，分南北两大部分，总占地面积约 6.66 万余平方米。街南称结义园，由结义坊、君子亭、三义阁、莲花池、假山等建筑组成。残存高 2 米的结义碑 1 通，白描阴刻人物，桃花吐艳，竹枝扶疏，构思奇巧，刻技颇高，系清乾隆二十八年（1763 年）言如泗主持刻建的。园内桃林繁茂，千枝万朵，颇有"三结义"的桃园风趣。

街北是正庙，坐北朝南，仿宫殿式布局，占地面积 18570 平方米，横线上分中、东、西三院，中院是主体，主轴线上又分前院和后宫两部分。前院依次是照壁、端门、雉门、午门、山海钟灵坊、御书楼和崇宁殿。两侧是钟鼓楼、"大义参天"坊、"精忠贯日"坊、追风伯祠。后宫以"气肃千秋"坊、春秋楼为中心，左右有刀楼、印楼对称而立。东院有崇圣祠、三清殿、祝公祠、葆元宫、飨圣宫和东花园。西院有长寿宫、永寿宫、余庆宫、歆圣宫、道正司、汇善司和西花园以及前庭的"万代瞻仰"坊、"威震华夏"坊。全庙共有殿宇百余间，主次分明，布局严谨。殿阁嵯峨，气势雄伟；屋宇高低参差，前后有序；牌楼高高耸立，斗拱密密排列，建筑间既自成格局，又和谐统一，布局十分得体。庭院间古柏参天，藤萝满树，草坪茵茵，花香迷人，使磅礴的关帝庙氤氲着浓烈的生活气息。

解州关帝庙这座历史悠久、气势恢宏的古老庙宇，有着自己独特的价值和意义。它是中国古代道德文化发展到宋元明清时代的物质化凝结，作为珍贵的文化遗存，将永远向后人揭示着中国古代道德文化的丰富内涵和复杂内容；它是中国传统道德文化在中国封建社会后期发展和重构的历史见证，用实物而非文字的形式，向后人真实而形象地述说着中国古代道德文化的发展与变迁；它也是中国古代博大精深传统文化的实物宝库和实物载体，作为中华民族古代文化和文明的一份宝贵遗产，它在现在和将来，都会成为一条联系海内外炎黄子孙，认同传统民族文化的精神纽带；它也是一面镜子，能够让今世及后世的人们，于其中观照到中国传统道德文化中的精华和糟粕，并为现在和将来的道德文化发展提供有益的参考和借鉴。

武侯祠

武侯祠是纪念中国古代三国时期蜀汉丞相诸葛亮的祠宇。目前最有影响的是成都武侯祠、陕西勉县武侯祠、南阳武侯祠、襄樊古隆中武侯祠、重庆奉节白帝城武侯祠、云南保山武侯祠和甘肃礼县祁山武侯祠等。此外，还有建于唐代前的陕西岐山五丈原诸葛庙，建于明代的武侯宫（湖北蒲圻），建于建安时期的黄陵庙（湖北宜昌）等。由于建造年代差异，地理位置的不同，建筑规模和艺术风格异彩纷呈。

成都武侯祠位于四川省成都市南门武侯祠大街，是中国唯一的君臣合祀祠庙，由刘备、诸葛亮蜀汉君臣合祀祠宇及惠陵组成。现存祠庙的主体建筑

第六章 古代园林与祠坛建筑

于康熙十一年（1672年）重建。1961年公布为全国重点文物保护单位。

整个武侯祠坐北朝南，主体建筑大门、二门、汉昭烈庙、过厅、武侯祠五重建筑，严格排列在从南到北的一条中轴线上。以刘备殿最高，建筑最为雄伟壮丽。

南阳武侯祠，又名"诸葛庐"，位于河南省南阳市区西南部的卧龙岗上，

南阳武侯祠

是诸葛亮"躬耕南阳"的故址和历代祭祀诸葛亮的地方。初建于魏晋，盛于唐宋。刘禹锡《陋室铭》："南阳诸葛庐，西蜀子云亭。"李白《南都行》："谁识卧龙客，长吟愁鬓斑。"可见唐代卧龙岗已成为著名的人文景观。元仁宗时，南阳卧龙岗古建筑命名为武侯祠。明清时武侯祠屡有修葺，规模恢宏。今日武侯祠基本上保持元明的布局风格，其木结构建筑多为明清重建或增建。

武侯祠占地12万平方米，丛竹飒飒，松柏森森，潭水清碧，花草相映，景色宜人。总体格局婉转盘桓，结构幽雅精致，氛围古色古香，意境如诗如画，既不失名士祠的严谨肃穆气氛，也保留了故居园林的活泼清新景象。优美的自然风光与诱人的人文景观交相辉映。融合了园林建筑、祠庙建筑和当地民居的风格，展现了高水平的建筑艺术，其平面布局丰富，空间组合多变，群体布局和谐。

武侯祠现存殿堂房舍267间，主要建筑排列在一条中轴线上，分前后两重，建筑布局严谨，疏密相宜，殿堂雄严，亭台壮观。祠前是宏伟雅致的"千古人龙"石牌坊，高9米，面阔13.5米，三门四柱楼式，通体布满雕饰，对称的锦纹、图案，错落有致，疏朗多姿。高耸门外，望柱冲天，在苍松翠柏映衬下，武侯祠显得更加巍峨壮观。从山门至大拜殿，左右两廊为前部，是人们祭祀诸葛亮的场所。后部的茅庐、古柏亭、野云庵、躬耕亭、伴月台、小虹桥、梁父岩、抱膝石、老龙洞、躬耕田，是根据诸葛亮"躬耕"时的生活起居而兴建的纪念性建筑物（即卧龙十景）。最后是宁远楼，亦名清风楼。山门之外有"诸葛井"和"澹宁读书台"。祠左侧院有关张殿、三顾堂、谢圃亭；右侧院为道房院，原是道人居住的地方。台下有诸葛书院。祠西南隅有龙角塔。大拜殿是武侯祠前部的主体建筑，殿宇高大宏伟，为歇山式建筑，殿前悬挂匾联十余幅，两壁嵌有石刻，中塑武侯诸葛亮坐像，两侧为其子诸葛瞻、其孙诸葛尚立像，形象逼真。宁远楼是武侯祠后部的主体建筑，也是

祠内最高建筑物，为重檐庑殿式建筑，流角飞檐，气势磅礴；楼正中塑有武侯诸葛亮抱膝长吟像；登楼远眺，宛城美景尽收眼底，历历在目。

祠内碑石林立，蔚然成景，也是一大特色。南阳武侯祠保存着汉以来历代碑刻近300余通，在全国诸多武侯祠中当居首位，被誉为"卧龙碑林"。其内容纷繁丰富，记人记事歌咏题记，其书法真草隶篆无所不具。其中汉《张景造土牛碑》、汉《李孟初碑》、汉《赵到碑》为世所罕见的珍品，在书法艺术和雕刻技巧上都有较高水平。"大文出师表，胜地卧龙岗。"（武侯祠大门于右任题联）武侯祠的"出师表"草书碑刻，笔法龙飞蛇腾，苍劲峭拔，堪称龙岗一景。

龙川胡氏宗祠

龙川胡氏宗祠始建于宋。明嘉靖年间，兵部尚书胡宗宪倡导捐资扩建。宗祠进行过几次修缮，其中较大的一次修缮是清光绪二十四年（1898年），主体结构、内部装修仍保持了明代的艺术风格。

线的艺术美，在龙川胡氏宗祠亦得以充分展现。宗祠的门楼二进七开间，歇山式屋顶，通称五凤楼。这本是异常沉重的下压大帽，然而经过匠师们灵巧之手，它却变得轻松、明快，富有鲜明的节奏感。在这里，向上曲折流动要比平行延长具有更强的感染力。整个屋顶不是直线延长，而是错落有致，主次分明。彼此间虽有差异，但仍是和谐的统一体，从而形成了在严格对称中有变化，在多样变化中又保持统一的建筑风貌。

应用雕刻工艺作为建筑中某些部位、某些构件的装饰手法，是徽派建筑风格的重要组成部分。砖、木、石三雕在每一座徽派建筑中都占有显著地位。龙川胡氏宗祠以其木雕艺术精湛、内容丰富、主题鲜明、画面生动而享有"木雕艺术殿堂"之美称。大额枋、小额枋、斗拱、枫拱、雀替、梁驼、平盘斗、隔扇、柱础，就连小小的梁脐，无一不精雕细镂，臻于至美。它们或用浅浮雕，或用深浮雕，或镂空剔透，或浮镂结合，极尽雕刻之能事。为了展现人们的审美趣味，表达人们的希望、追求，定型化的道德观念的戏文人物，象征着吉祥如意的龙狮动物、松柏翠竹、蝙蝠鹿兽、荷花博古、如意菱纹，凡此种种，都引领着先人们的情感走进了祠堂。门楼前方明间的大额枋上，九头雄狮，抱球欢腾，雄狮形象逼真潇洒。而与其相对应的大额枋上，则是九龙腾飞，珍珠满天。刀法苍劲有力，布局灵活生动。它们不是机械地排列成队，而是前后、上下的立体组合，气魄宏伟，蔚为大观。匠师的技艺才华在这里得到充分表现。明间前后两向以及两次间前后两向的六根小额枋上,雕饰内容各异的历史戏文。文武百官,兵舍僮环,活灵活现;楼台亭榭,山水拱桥,栩栩如生,结构对称,内容有别,雷同中求变化,严谨中求灵巧,表现了既威武庄严,又活泼亲切的情感色调。那些纯粹是装饰品的雀替、枫拱等,也都强烈地渲染着热爱世间生活的意味。

隔扇在徽派古建筑的装饰中占有很重要的地位。它不但具有分隔空间、组织空间之作用,而且能够充分发挥其装饰功能。由于不是一个很大的平面,而是若干扇的有机组合,因此,人们便可以通过它们创造出各种供人自由玩赏的精细美术作品,龙川胡氏宗祠的隔扇达128扇之多。匠师们充分地利用了这些美术园地,将其分成若干组,大展其艺术技能。正厅祭龛前及其两侧的22扇隔扇,裙板上精雕出一幅幅动人的以鹿为中心,衬以水光山色、松柏翠竹、花草飞鸟的百鹿图,其布局合理、画面清新、层次分明、气韵生动,形态各异,活灵活现。这栩栩如生的百鹿图与其说是一幅幅精湛的木雕艺术,倒不如说是人们在倾吐着渴望生活、追求生活的挚热情怀。

正厅东西两序的20扇隔扇上,则以荷花为主题,配以鱼、虾、螃蟹、鸟、鸭、水草等动植物,细雕入微,技艺精良。荷叶千姿百态,无一雷同,或仰、或覆、或侧、或斜,有低垂如伞,亦有上卷似盘;菡萏也有异别,含苞低垂,绽开吐芳,相互争妍斗奇;莲蓬则带着它的希望在花中亭亭玉立。这里并非是一个宁静的世界:鸭在戏水,鱼在畅游,鸟在腾欢,虾在追侣。这一切同样是在祈求、颂扬人世间的生活,只要族人和睦团结,生活便会充满幸福与欢乐,而芙蕖恰恰是这种愿望的象征。令人惊奇的是,荷与蟹同在一画面上,极为罕见,大概暗含了"和谐"理念。如果说一件件精致秀丽的木雕艺术作品为雄伟壮观的龙川胡氏宗祠增添了逸秀美感,那么,为数不多的砖雕、石雕艺术品,则与木雕艺术相得益彰,同样增强了宗祠的艺术感染力。砖雕主要装饰在门楼两边的八字形墙体上。梁、枋、雀替、驼峰等,均能精心设计,入微刻画。戏剧人物潇洒自如,雄狮猛虎威武逞强;花果飘香,回纹井然。石雕除须弥座外,则以一对圆雕石狮为代表,这对石狮造型生动,体态高大。雄狮居东,脚戏绣球,侧首西望,神态安详;雌狮在西,爪抚幼狮,凝眸东眺,性情温柔。两狮坐立在

龙川胡氏宗祠

宗祠大门两侧，既威严又慈祥。

　　绘画艺术在龙川胡氏宗祠也是引人注目的。在门楼八字墙的正脊上，在一座座马头墙的正面和内外两侧，在山墙的博脊上，一幅幅浓淡相宜的山水画，以其感召人心的艺术魅力，唤起人们对生活的美好憧憬。

　　龙川胡氏宗祠以其博大精深的文化内涵和强烈的徽派建筑风韵，巍然屹立在中国古代建筑之林。

 知识链接

五公祠

　　五公祠位于海口市区与琼山市接壤处，为一组古建筑群的统称，它由观稼堂、学圃堂、东斋组成，并和苏公祠、两伏波祠及其拜亭、洞酌亭、粟泉亭、洗心轩、游仙洞连成一片，建筑面积2800余平方米，连同园林、井泉、池塘约占地100亩。始建于明万历年间，清光绪十五年（1889年）重修，后又多次修缮，现仍是熠熠生辉。

图片授权

全景网

壹图网

中华图片库

林静文化摄影部

敬　启

　　本书图片的编选，参阅了一些网站和公共图库。由于联系上的困难，我们与部分入选图片的作者未能取得联系，谨致深深的歉意。敬请图片原作者见到本书后，及时与我们联系，以便我们按国家有关规定支付稿酬并赠送样书。

　　联系邮箱：932389463@qq.com

参考书目

1. 张义忠，赵全儒．中国古代建筑艺术鉴赏．北京：中国电力出版社．2012
2. 孙德刚．中国文化中有关古代建筑的100个趣味问题．北京：金城出版社．2012
3. 王铎，刘郁馥．话中国——中国古代建筑．安徽：安徽师范大学出版社．2012
4. 张东月，肖靖．中国古代建筑与园林．北京：旅游教育出版社．2011
5. 贾洪波．中国古代建筑．天津：南开大学出版社．2010
6. 何宝通．中国古代建筑及历史演变．北京：北京大学出版社．2010
7. 萧默．营造之道：古代建筑．北京：生活．读书．新知三联书店．2008
8. 张道一，郭廉夫．古代建筑雕刻纹饰——寓意吉祥．江苏：江苏美术出版社．2007
9. 庄裕光，胡石．中国古代建筑装饰．装修．江苏：江苏美术出版社．2007
10. 张道一．中国古代建筑石雕．江苏：江苏美术出版社．2006
11. 罗哲文．中国古代建筑精华．郑州：大象出版社．2005
12. 侯幼彬，李婉贞．中国古代建筑历史图说．北京：中国建筑工业出版社．2002
13. 沈福煦．中国古代建筑文化史．上海：上海古籍出版社．2001
14. 中国科学院自然科学史研究所．中国古代建筑技术史．北京：科学出版社．1985
15. 刘敦桢．中国古代建筑史（第二版）．北京：中国建筑工业出版社．1984

中国传统风俗文化丛书

一、古代人物系列（9本）
1. 中国古代乞丐
2. 中国古代道士
3. 中国古代名帝
4. 中国古代名将
5. 中国古代名相
6. 中国古代文人
7. 中国古代高僧
8. 中国古代太监
9. 中国古代侠士

二、古代民俗系列（8本）
1. 中国古代民俗
2. 中国古代玩具
3. 中国古代服饰
4. 中国古代丧葬
5. 中国古代节日
6. 中国古代面具
7. 中国古代祭祀
8. 中国古代剪纸

三、古代收藏系列（16本）
1. 中国古代金银器
2. 中国古代漆器
3. 中国古代藏书
4. 中国古代石雕
5. 中国古代雕刻
6. 中国古代书法
7. 中国古代木雕
8. 中国古代玉器
9. 中国古代青铜器
10. 中国古代瓷器
11. 中国古代钱币
12. 中国古代酒具
13. 中国古代家具
14. 中国古代陶器
15. 中国古代年画
16. 中国古代砖雕

四、古代建筑系列（12本）
1. 中国古代建筑
2. 中国古代城墙
3. 中国古代陵墓
4. 中国古代砖瓦
5. 中国古代桥梁
6. 中国古塔
7. 中国古镇
8. 中国古代楼阁
9. 中国古都
10. 中国古代长城
11. 中国古代宫殿
12. 中国古代寺庙

五、古代科学技术系列（14本）
1. 中国古代科技
2. 中国古代农业
3. 中国古代水利
4. 中国古代医学
5. 中国古代版画
6. 中国古代养殖
7. 中国古代船舶
8. 中国古代兵器
9. 中国古代纺织与印染
10. 中国古代农具
11. 中国古代园艺
12. 中国古代天文历法
13. 中国古代印刷
14. 中国古代地理

六、古代政治经济制度系列（13本）
1. 中国古代经济
2. 中国古代科举
3. 中国古代邮驿
4. 中国古代赋税
5. 中国古代关隘
6. 中国古代交通
7. 中国古代商号
8. 中国古代官制
9. 中国古代航海
10. 中国古代贸易
11. 中国古代军队
12. 中国古代法律
13. 中国古代战争

七、古代文化系列（17本）
1. 中国古代婚姻
2. 中国古代武术
3. 中国古代城市
4. 中国古代教育
5. 中国古代家训
6. 中国古代书院
7. 中国古代典籍
8. 中国古代石窟
9. 中国古代战场
10. 中国古代礼仪
11. 中国古村落
12. 中国古代体育
13. 中国古代姓氏
14. 中国古代文房四宝
15. 中国古代饮食
16. 中国古代娱乐
17. 中国古代兵书

八、古代艺术系列（11本）
1. 中国古代艺术
2. 中国古代戏曲
3. 中国古代绘画
4. 中国古代音乐
5. 中国古代文学
6. 中国古代乐器
7. 中国古代刺绣
8. 中国古代碑刻
9. 中国古代舞蹈
10. 中国古代篆刻
11. 中国古代杂技